HEINZ BALLENSIEFEN · JUDEN IN FRANKREICH

HEINZ BALLENSIEFEN

JUDEN IN FRANKREICH

Die französische Judenfrage in Geschichte und Gegenwart

Archiv-Edition

Das Buch dient wissenschaftlichen Zwecken, sein Inhalt findet nicht die ungeteilte Zustimmung des Verlags, insbesondere nicht die aggressive und wenig differenzierte Art der Beurteilung der beschriebenen Personengruppen.

Reihe *Judaica*
Band 5

2. Auflage
1990

Archiv-Edition, Verlag für ganzheitliche Forschung und Kultur,
D-2257 Struckum
Nachdruck der 1939 im Nordland-Verlag erschienenen Ausgabe

ISBN 3-922314-92-9

Inhaltsverzeichnis

I. Die Juden in der französischen Geschichte bis zur Revolution von 1789.

Als zu der Zeit der ersten Kreuzzüge die Massen des französischen Volkes in Bewegung gerieten, kam es zugleich auch zu den ersten tatkräftigen Abwehrmaßnahmen gegen die Juden in Frankreich. Durch ihre Stellung als Steuereinnehmer und Pächter, insbesondere aber als Geldverleiher, hatten sie das Volk ausgebeutet und den größten Teil des Lebensmittelhandels in ihre Hand gebracht. Die klerikalen Anführer der Kreuzzugsbewegung waren in ihrem Haß gegen das Judentum eins mit dem Volk. Peter von Amiens und insbesondere Peter von Cluny vertraten ihre Meinung beim König von Frankreich. Peter von Cluny schrieb:

> „Gott will nicht, daß sie ausgerottet werden, sie sollen vielmehr gleich dem Brudermörder Kain zu großen Qualen und großer Schmach fortexistieren, damit das Leben ihnen bitterer werde als der Tod. Sie sind abhängig, elend, gedrückt, furchtsam und müssen es bleiben, bis sie sich auf den Weg der Rettung gewandt haben."

Als nach den Kreuzzügen die blutigen Abwehrmaßnahmen des Volkes verebbten, war damit die Judengegnerschaft nicht verschwunden. Das Judentum hatte die Abweisungen schon lange wieder vergessen und trieb seine alten wucherischen Handelsgeschäfte weiter. Aus Briefen des Papstes Innozenz III. an den König Philipp August ist bekannt, daß die Juden selbst Kirchengüter als Pfand oder Pacht besaßen. In einer Reihe von Landeskonzilien beschloß der Klerus im Verein mit den Fürsten scharfe Maßnahmen gegen das überhandnehmende Treiben der Juden. Der jährliche Zinsfuß wurde mit 43 % festgelegt und alle Handelsverträge sowie Schuldbriefe mußten einem Amtsschreiber zur Beglaubigung vorgelegt werden. Wie groß der Reichtum der damaligen verhältnismäßig kleinen Anzahl von Juden in Frankreich war, zeigt die Tatsache, daß allein im Jahre 1217 die Juden für Stempelgebühren 7550 Livres zahlten.

Es blieb aber nicht nur bei der händlerischen und wirtschaftlichen Beschränkung. Vielmehr wurden auch die jüdischen Schriften, die als Quellen des jüdischen Wesens angesehen wurden, vernichtet. Allein in Paris wurden in einem Monat des Jahres 1242 insgesamt 24 Fuhren mit Talmudbüchern öffentlich verbrannt.

Alle diese Maßnahmen blieben aber ohne Erfolg, sodaß Philipp IV. beschloß, um dem jüdischen Treiben ein Ende zu machen, die Juden aus Frankreich zu vertreiben. Eine Reihe von Grafschaften in Frankreich schlossen sich dieser Maßnahme an, aber schon ein Jahrzehnt später waren die Juden wieder im Lande und Könige und Fürsten versuchten ihrer mit Hilfe von Verträgen Herr zu werden. Als auch dieser Versuch fehlschlug, erließ Karl VI. 1394 ein Dekret, das die Vertreibung aller Juden aus dem Königreich Frankreich anordnete. Ein großer Teil der Judenheit wandte sich nach Süd-Frankreich, wo es sich in den Handelszentren Marseille, Bordeaux und Montpelliers niederließ und die alten Handelsbeziehungen mit dem vorderen Orient wieder aufnahm. Ihr ungeheurer Reichtum, ihre machtvollen Handelsbeziehungen festigten ihre Stellung so sehr, daß sie sich trotz aller Maßnahmen behaupten konnten. Selbstverständlich bemühten sie sich eifrig um die Wiederzulassung ihrer Rassegenossen im Königreich Frankreich und boten dem König dafür eine Summe von 100 000 Livres. Dieses Geld wollten 350 Familien in Süd-Frankreich aufbringen, was für den großen Reichtum der dort wohnenden Juden spricht.

Trotz aller Bemühungen aber blieb das Dekret Karls VI., das von Karl VIII. noch erweitert wurde, bis zum Jahre 1776 in Kraft, sodaß Frankreich nahezu 400 Jahre ohne Juden war. Erst unter Ludwig XVI. gelang es einem der südfranzösischen Juden, Rodrigues Pereira, durch Geld und Einfluß den König zur Aufhebung der Ausweisungsdekrete zu bestimmen.

II. Die französische Revolution und die Judengesetze Napoleons I.

Beim Ausbruch der französischen Revolution bewohnte zwei Drittel des gesamten französischen Judentums Elsaß-Lothringen. Es ist daher nicht verwunderlich, daß von dort her die Judenfrage in der Revolution aufgerollt wird.

Als im Frühjahr 1788 die Generalstaaten in Paris zusammentraten, um die spätere Nationalversammlung zu bilden, setzte Cerf Berr es bei Necker durch, daß die Juden von Elsaß-Lothringen eine Deputation wählen durften, die ihre Wünsche der Versammlung vortragen sollte. Sie dachten nicht im letzten daran, um Freiheit oder gar um die französische Staatsbürgerschaft anzugehen. Vielmehr war eine mächtige Volksempörung im Elsaß der tiefere Grund.

Ihre Ausbeutungsmethoden hatten dort den Höhepunkt erreicht. Sie besaßen für 12 Millionen Hypotheken. Damit war fast das gesamte Bauerntum in ihrer Hand und mit ihm der ganze Getreide- und Viehhandel. Da begann sich das Volk mit Gewalt gegen die Wuchereien zu wehren. Cerf Berr aber trat mit Tränen in den Augen vor die Nationalversammlung.

> „Mögen die Menschen in uns ihre Brüder erkennen. Möge die göttliche Liebe zum Nächsten, die euch so sehr am Herzen liegt, sich auch auf uns erstrecken! Es erfolge eine radikale Reform aller jener schändlichen Institutionen, durch die wir geknebelt sind, und möge diese Reform, um die wir uns bislang vergeblich bemüht haben und um die wir euch nun tränenden Auges anflehen, möge sie das Werk eurer Wohltätigkeit, eurer Hände Werk sein!" (1), Seite 90/1.

War auch die Versammlung über diese Worte gerührt, so wußte sie doch nicht recht, wie die Probleme gelöst werden könnten. Die Juden, bei denen sich „der Gedanke zu regen begann, daß die hochgehende Freiheitswelle auch sie aus dem Abgrund der Rechtlosigkeit emporzutragen vermöge", wagten ihn noch nicht auszusprechen. Sie fanden zwei tatkräftige Fürsprecher in Abbé Grégoire, der pathetisch ausrief: „50 000 Franzosen sind heute als Sklaven erwacht; von eurem guten Willen hängt es ab, daß sie sich als freie Bürger wieder zur Ruhe begeben!" (2) (Seite 91) und in Mirabeau.

Grégoire und Mirabeau erhoben als einflußreichste Persönlichkeiten ihre judenfreundliche Stimme in der Nationalversammlung. Ihre Wirkung ist entscheidend für die gesamte Entwicklung der Judenfrage in der französischen Revolution geworden. Zwar hatte die Erklärung der Menschenrechte die Juden immerhin als Menschen anerkannt, sie aber als citoyens, als Mitbürger, zu betrachten, hatten sich die beiden Verteidiger der unterdrückten Rasse als Aufgabe gestellt. Darin liegt ihre große Bedeutung für das französische Judentum, denn so schreibt der jüdische Historiker Dubnow:

> „Die Veröffentlichung der Menschenrechte und die ersten in der Nationalversammlung gefallenen judenfreundlichen Worte lösten bei den führenden Männern der französischen Judenheit eine freudige Erregung aus. Nun brauchten sie sich für die schon früher in Aussicht genommene Politik der Beeinflußung des Parlaments von außen her, durch Petitionen und Deputationen, keine Zurückhaltung mehr auferlegen." (1) Seite 87,9.

Allerdings muß die Entwicklung der beiden Franzosen beachtet werden, um ihre Judenfreundlichkeit in das rechte Licht zu rücken. Der meist verschuldete Mirabeau hatte die Macht der Banken und Börsen sowohl in Paris als in Berlin kennen und schätzen gelernt. Während seines Aufenthalts in Berlin verkehrte er in den bekannten jüdischen Salons der Hertz u. a. und wurde mit den Gedanken des allseitig verehrten Mendelssohn vertraut gemacht und so für die Emanzipation der Juden geschult. So sehr, daß selbst bei einer Unterredung mit Friedrich dem Großen die Juden Gegenstand des Interesses waren. Den maßlosen Wuchereien in Elsaß-Lothringen konnte er sich zwar nicht verschließen, doch hatte er gleich die Erklärung dafür bei der Hand. Nur die Vorenthaltung der menschlichen und bürgerlichen Rechte der Juden seit Jahrhunderten bedingten nach seiner Ansicht die Verderbtheit der Juden. Beeinflußt von dem vorherrschenden Gedanken einer planmäßigen Erziehung, schlägt er eine staatsbürgerliche Erziehung und Aufhebung ihrer Religionsbeschränkungen vor.

Mirabeaus erstes Eintreten für die Juden geschieht mit der Übersetzung der Schrift des Mendelssohn-Schülers Isai Berr-Bing. Dieser jüdische Hintermann lieferte durch einen anderen Mendelssohn-Schüler dem Abbé Gregoire Material für seine Schrift: „Essai sur la régénération physique, morale et politique des juifs". Auch Grégoire ging es um eine Regenerierung der Juden. Auch er hatte sie durchaus richtig erkannt.

> „Wir haben gesehen, mit welcher Schnelligkeit sie sich vermehren und wie sie sich überall die Landbauern zinspflichtig machen; die Produkte erster Notwendigkeit gelangen zu allererst in ihre Hände und ihr Volk wird fortfahren, seine Zweige auszubreiten. Es sind mithin die Schmarotzerpflanzen, die das Mark des Baumes, an den sie sich hängen, zernagen, und die ihn schließlich aussaugen und zerstören könnten." (2) Seite 11.

Ja, Mirabeau sah sogar den Rassegedanken im Judentum, wie sein Wort: „la race d'Abraham subiste sans melange" beweist. Dennoch forderte er die Bürgerrechte für die Juden, damit sie in der französischen Nation aufgehen könnten. Zur Erreichung dieses Zieles mußten sie allerdings ihr Jiddisch aufgeben, auch in den Synagogen. So sah Mirabeau den Weg zur Französierung der Juden offen und sagt überzeugt:

„Welchen Einfluß wird dieses regenerierte Volk auf den französischen Handel haben? Keinen oder fast keinen." (1) Seite 107.

In diesem grenzenlosen Optimismus wies er alle Bedenken zurück mit den Worten:

„Alle diese Einwände fallen, wenn die Erfahrung spricht."

In der anhebenden Propaganda für die Judenbefreiung durch Flugschriften und Presse vermied man wohlweislich jeglichen Hinweis auf eine jüdische Nation oder ein jüdisches Volk. Die Forderungen der Menschlichkeit, die religiöse Gleichberechtigung mit den anderen Konfessionen sollten den Juden das Bürgerrecht verleihen. In endlosen Debatten beschäftigte sich die Nationalversammlung mit der Frage, ohne zu einem Ergebnis zu kommen. Um dies endlich zu erreichen, schickten die Juden im Süden als die angeseheneren, auf ihre alten Rechte und guten Patriotismus pochend, eine Petition an die Versammlung, darin ihre Bürgerrechte fordernd. War so einmal der Anfang gemacht, dann konnten auch die Juden im Westen zu ihrem Recht kommen. Tatsächlich gelang auch der Versuch. Am 28. Januar 1890 wurde dem südlichen Zentrum das Bürgerrecht zugestanden.

Nachdem diese erste Schanze genommen war, erfolgt sogleich der Angriff auf die zweite. Die jüdische Kolonie in Paris beteiligt sich kräftig an den Unruhen, um der Versammlung ihren Patriotismus zu bekunden, sodaß ein Pariser Stadtratsmitglied feststellen kann: „Ohne erst abzuwarten, bis sie Mitbürger geworden sind, behandelt die Bevölkerung die Juden bereits als Brüder." (1) Seite 107.

Kein Wunder, der Anschluß der Juden an den Pöbel der Straße wird nicht zu schwierig gewesen sein. Die Pariser Stadtverwaltung wurde aber ein einflußreiches Instrument in dem Kampf in der Nationalversammlung, denn die Situation spitzte sich immer mehr zu. Die Landbevölkerung war auf das Treiben der Juden in Paris aufmerksam geworden und begann unruhig zu werden. Da unternahm die Pariser Stadtgemeinde einen neuen Vorstoß auf die Nationalversammlung, der schließlich zu dem gewünschten Ergebnis führte. Am 28. September wurde das Dekret erlassen, nach dem durch die Ableistung des Verfassungs- und Bürgereides den Juden die bürgerlichen Rechte zugestanden wurden.

„Der Tag ist endlich gekommen, da wir den Vorhang, der uns von unseren Mitbürgern und Brüdern trennte, gerissen sehen. Endlich haben wir die Rechte zurückerobert, die man uns vor mehr als achtzehn Jahrhunderten entrissen hat."

Als den Juden durch die französische Revolution die volle Gleichberechtigung mit anderen Franzosen zuteil geworden war, nahmen ihre gewohnten Wuchergeschäfte ein immer wachsenderes Ausmaß an. Als Konsul schon wurde Napoleon auf dieses Treiben der Juden aufmerksam, als sich die Klagen der ausgebeuteten Bevölkerung in Elsaß-Lothringen immer mehr verstärkten. 1806 ließ er daher von einer Kommission die Frage untersuchen, wie weit ein Aufgehen des Judentums im französischen Volke möglich sei. Noch im gleichen Jahre setzte er die Judenfrage auf die Tagesordnung des Staatsrates. Im Gegensatz zu seiner zum Teil judenfreundlichen Umgebung umriß Napoleon mit klaren Erkenntnissen das Wesen des Judentums.

> „Die Regierung", so sagte der Kaiser, „kann nicht gleichgültig zusehen, wie eine heruntergekommene, tief gesunkene und jeder Gemeinheit fähige Nation zwei Departements des alten Elsaß in ihre Gewalt bringt. Die Juden sind als eine Nation und nicht als eine Sekte zu betrachten: sie sind eine Nation in der Nation."

Als erstes Ergebnis der Besprechungen im Staatsrat erfolgte ein Dekret, das die Vollstreckungen der durch jüdische Geldwucherer erwirkten Gerichtsurteile für den Verlauf eines Jahres aufhob. Gleichzeitig wurde angeordnet, daß das Judentum sich eine Versammlung wählen sollte, um die internen Fragen des jüdischen Glaubens zu untersuchen, damit die „bei einem sehr beträchtlichen Teil der Juden ins Wanken geratene Bürgermoral" wieder hergestellt würde. Dem jüdischen Parlament wurden eine Reihe von Fragen vorgelegt, die das Zusammenleben zwischen Juden und Franzosen betrafen. Zur Autorisierung der Beschlüsse des jüdischen Parlaments ordnete Napoleon die Einberufung einer jüdischen Synode an. Dieses Synhedrion stellte eine hohe Versammlung angesehener Juden dar, die seit Jahrhunderten nicht mehr zusammengetreten war. Aber alle vorgebrachten Ergebenheitskundgebungen vonseiten der versammelten Juden konnten Napoleon nicht von seiner Überzeugung abbringen. 1807 verlängerte er das im Vorjahre erlassene Dekret um abermals ein Jahr. Im nächsten Jahre erfolgte ein neues Dekret, das endgültig die Judenfrage in Frankreich bereinigen sollte. Dieses Dekret vom 17. März 1808 ordnete eine Reihe von so einschneidenden Maßnahmen an, daß es das Judentum als „décret infâme" (schändliches Dekret) bezeichnete. Es wurde darin die Einrichtung einer Konsistorialverfassung der Juden befohlen. Zur Durchführung dieser Maßnahme wurde ein Zentralkonsistorium in Paris gebildet, dem die Bezirkskonsistorien in den einzelnen Departements unterstanden. Auf diese Weise wurde die Selbstverwaltung der jüdischen Gemeinden aufgehoben und dem Zentralkonsistorium unterstellt, das wiederum von den Polizeibehörden überwacht wurde. Diese Maßnahme war vor allen Dingen darauf beschränkt, das Judentum einheitlich im Lande zu erfassen.

Weit wirksamer und bedeutungsvoller aber waren die Verordnungen zur Ausschaltung des Judentums aus dem Wirtschaftsleben. Das Dekret verfügte die Ungültigkeit aller Schuldverschreibungen, die den Juden ohne Genehmigung der Obrigkeit gegeben wurden. Das Gleiche galt auch für alle Wechsel, wenn der Jude nicht den vollen Betrag des Wechsels ausgezahlt hatte. Die ausbeuterischen Kreditgeschäfte wurden durch die Festsetzung eines Zinsfußes von 10 vom Hundert unschädlich gemacht. Außerdem wurde der gesamte Handel des Judentums unter staatliche Kontrolle gestellt. Es wurde dem Juden befohlen, sich von dem Präfekten eines Departements ein besonderes Patent ausstellen zu lassen, wenn er in diesem Bezirk handeln wollte. Zur Genehmigung benötigte er ein Leumundszeugnis vonseiten des Magistrates und des jüdischen Konsistoriums.

Auch die jüdische Einwanderung nach Elsaß-Lothringen wurde durch das Dekret verhindert. Nach Ablauf von 10 Jahren sollte es sich zeigen, ob die Aufhebung dieses Dekrets möglich sei.

Diese wirksamen, für die Zukunft gedachten Maßnahmen sollten nicht allzulange in Kraft bleiben. Nach dem Sturze Napoleons nahm der jüdische Einfluß wieder so stark zu, daß nach Ablauf der 10 Jahre dieses Dekret aufgehoben wurde.

III. Das Judentum nimmt von Frankreich Besitz.

Trotz der eindeutigen Gegnerschaft Napoleons begann sich das Judentum unter seiner Regierung in Frankreich festzusetzen. Während der Kontinentalsperre haben die Rothschilds durch den blühenden Schmuggel mit Tuchen aus England den Grundstock ihres späteren Vermögens gelegt. Als Napoleon aber ihr Geschäft in Frankfurt unter Kontrolle stellte, gingen sie nach Frankreich, wo sich ihnen ein glänzender Gewinn bot. Die Truppen Wellingtons waren durch die Blockade von jeglicher Unterstützung Englands abgeschnitten. Die Geldnoten, die Wellington herausgab, standen in Spanien tief im Kurs, während sie in England ihren Nennwert einbrachten. Da begann Karl Rothschild die Noten an der Pyrenäen-Küste aufzukaufen und tauschte sie seinem Bruder Nathan gegen Gold ein. Nathan reiste darauf durch Frankreich, wo ihn am Kanal sein Bruder James erwartete, um abermals das Papiergeld in Gold einzuwechseln. In London löste James die Noten mit entsprechendem Gewinn ein. Als James nicht genug Gold liefern konnte, begann Nathan in Frankreich den Aufkauf und von dieser Zeit an machte er sich mit den französischen Verhältnissen vertraut. Die Folgen dieser ebenso gefährlichen wie ertragreichen Tätigkeit bekam Napoleon zu spüren, als nach seiner Niederlage in Rußland die wohl ausgerüsteten Truppen Wellingtons in Südfrankreich einmarschierten.

England wußte aber den Rothschilds seinen Dank auszusprechen. Als nach Waterloo der mittellose Ludwig XVIII. in Paris einzog, war es Nathan Rothschild, der seine Hofhaltung finanzierte. Die damit verbundene Berechnung, nun mit königlicher Hilfe auch seinen Einzug nach Frankreich zu halten, wurde durch die Rückkehr Napoleons vernichtet. Immerhin war sein Einfluß nach dem zweiten Waterloo schon so gefestigt, daß die Rothschilds Frankreichs Reparationszahlungen an die Alliierten übernahmen.

Das hochverräterische Treiben zur Zeit der Blockade war aber noch nicht vergessen, sodaß bei der zweiten französischen Staatsanleihe Karls X. Nathan, der inzwischen in Paris sein Bankhaus errichtet hatte, übergangen wurde. Das sollte sich rächen. Er kaufte alle erhältlichen Anteilscheine auf, wodurch diese im Kurs stiegen. Als aber bei der nächsten Staatsanleihe, die Erfolg versprach wegen des guten Standes der ersten, Nathan wieder unbeachtet blieb, warf er mit einem Schlag alle Bonds der ersten auf den Markt, was einen katastrophalen Sturz zur Folge hatte und die zweite Anleihe unmöglich machte. Bei der Auflage der nächsten Anleihe legte der Staat Wert auf die Beteiligung des Nathan Rothschild. Er saß endgültig im Sattel.

Eine ähnliche Wandlung machte auch die Stellung der Regierung zur gesamten Judenheit durch. Ein Dekret aus dem Jahre 1814 bestimmte, daß alle Bürger die gleiche Freiheit der religiösen Bekenntnisse genießen. Die Geistlichen der katholischen sowie der anderen christlichen Kirchen sollten vom Staat besoldet werden. Die Rabbiner wurden also ausgeschlossen. Diese anscheinend eindeutige Stellungnahme änderte sich, als es um die Aufhebung des „décret infâme" ging, das 1818 ablief. Ohne lange Diskussion wurde es für aufgehoben erklärt und die elsässischen Bauern von neuem den Wuchereien preisgegeben.

Die zweite Staatsanleihe, zu der nun auch die Mittel Nathan Rothschilds beansprucht wurden, hatte diesen fast ruiniert. Die verwegenen Spekulationen schlugen fehl, der verbündete Finanzminister mußte gehen und so kam der Ausbruch der Juli-Revolution gerade gelegen.

Der liberale Louis Philipp war den Rothschilds in doppelter Weise ergeben. Einmal hatten der Rothschild'sche Einfluß auf Metternich ihm zu seinem Thron verholfen, andrerseits ließ er durch die Rothschilds seine nicht unbedeutenden Bankspekulationen durchführen. James Rothschild, der nach dem Tode Nathans seine Stellung bezogen hatte, war ein Freund des liberalen Bürgerkönigs, der ihm bald das Großkreuz der Ehrenlegion überreichte und ihm so das nötige Ansehen in den Augen der Franzosen gab.

> „Seine deutsche Geburt, sein jüdischer Akzent, seine dunklen, zweifelhaften Anfänge, seine früheren Fehlschläge, alles das war vergessen und vergeben und er erreichte jetzt bald einen Einfluß auf die Regierung und eine Herrschaft über die nationale Wirtschaft, wie sie Nathan selbst in seiner besten Zeit niemals möglich gewesen."
>
> (1) Seite 254.

Von nun an sind französische Staatsanleihen und andere große Unternehmungen eine Angelegenheit des Hauses Rothschild. Als in den vierziger Jahren eine Eisenbahnlinie zwischen Paris und dem Industriezentrum in Norden gebaut werden sollte, überträgt der Staat James Rothschild einen großen Teil des Auftrags. Das Haus Rothschild sollte die Kosten in ungefährer Höhe von 160 Millionen übernehmen. Diese Summe muß ihm in 40 Jahren zurückbezahlt werden. Als Ausgleich hat Rothschild das Recht der Verwaltung und Ausnutzung:

> „Der Staat wird die Kosten des Weges tragen (ungefähr hundert Millionen); Herr von Rothschild wird das Material vorschießen (60 Millionen), dessen Wert ihm nach 40 Jahren schätzungsweise zurückgezahlt werden wird; und als Zinsen für diesen Vorschuß wird Herr von Rothschild während 40 Jahre 15 oder 20 Millionen im Jahre einnehmen. Bravo!" (2) Seite 206.

Ein so gewinnreicher Auftrag mußte aber erst von den Rothschilds erkämpft werden.

„Mit einer Plötzlichkeit, die ganz Frankreich verblüffte, begriffen auf einmal die französischen Befürworter der Staatsbetriebe, daß sie sich in ihren Ansichten geirrt hatten. Minister, Deputierte und Journalisten stimmten im Interesse der Wirtschaft, der Betriebssicherheit und des öffentlichen Wohles überein, daß die Nordbahn einzig von der Bankfirma Gebrüder Rothschild gebaut und geleitet werden könne." (1) Seite 254.

Was war geschehen? Rothschild hatte alles bestochen, was nur Namen und Rang hatte. Vielleicht wäre dieser ungeheure Skandal niemals an die Öffentlichkeit gelangt, hätte nicht die französische Zeitung „National" das Schweigen gebrochen und die Karten aufgedeckt. Die als Konkurrenz heranwachsende Judenmacht, die Pereiras aus Südfrankreich, hatte es erreicht, daß das korrupte System Rothschild aufgedeckt wurde. Nach Angaben der „National" sind Aktien für 7½ Millionen an Deputierte, Minister, sowie an Zeitungen kostenlos verteilt worden. Jedoch sollten die Besitzer sich ihrer nicht lange erfreuen. Einige geschickte Börsenmanöver Rothschilds genügten, um sie alle wieder in seine Hand gelangen zu lassen.

Der Bau der Nordbahn wurde vollendet, James Rothschild als öffentlicher Wohltäter geehrt, als sich auch schon die Folgen des jüdischen Geschäftes einstellten. Drei Wochen nach Beendigung des Baues traf die Nachricht ein: 37 Reisende durch eine Eisenbahnkatastrophe getötet. Nun machte sich der lang verhaltene Haß des Volkes gegen Rothschild Luft. Der öffentliche Wohltäter wurde als Betrüger gebrandmarkt, der „Menschenfleisch den Interessen des goldenen Kalbes opferte". (1)

Karrikaturen und Pamphlete riefen die früheren Betrügereien der Rothschilds in Erinnerung. A. Toussenel schrieb sein aufsehenerregendes Buch: „Les Juifs. Rois de l'Epoque" (Paris 1845). Frankreich war in Aufruhr. James Rothschild war zu überrascht, um sich zu wehren. Er verdoppelte die Beiträge für die öffentliche Wohltätigkeit und warf riesige Summen für die Unterstützung der Armen aus. Das Bankunternehmen stand vor dem Zusammenbruch, als wieder einmal die Revolution die Retterin der Rothschilds wurde.

Die republikanische Regierung hatte zum Finanzminister den Juden Goudchaux ernannt, der dafür sorgte, daß James Rothschild ohne großen Schaden davonkam. Die Stellung des Hauses war aber erschüttert und somit der Weg frei gemacht für eine andere Juden-Dynastie, die den Skandal weidlich ausschlachtend für sich auszunutzen verstand: die Gebrüder Pereira.

Die Juli-Revolution hatte neben den Rothschilds auch noch einen anderen Juden auf den Schild gehoben: Adolphe Isaak Crémieux. Dieser jüdische Advokat wurde der Vorfechter der jüdischen Interessen nicht nur in Frankreich, sondern auch in anderen Staaten. Schon bei der Ablegung des obligaten Judeneides der Advokaten weigerte er sich, der tradinationellen

Forderung zu genügen, und einige Jahre später gelang es ihm auch, den Eid more judaeorum abzuschaffen. Auf der Seite der Linksparteien stehend, wurde er zum Vizepräsidenten des Pariser Zentralkonsistoriums der Juden gewählt. Damit besaß er eine einflußreiche Stellung, die die französische Regierung bald zu spüren bekommen sollte. Als wieder einmal die Frage der staatlichen Besoldung der Rabbis in der Kammer erörtert wurde, gelang es ihm, die jüdische Forderung durchzusetzen, indem er

> „einer unsichtbaren Triebfeder gleich, auf Regierung und Parlament einen sanften Druck" ausübte. (3) Seite 270.

Was Rothschilds mit ihrem Geld erreichten, das bewirkte Crémieux mit dem Druck der Linksparteien. Einmal erfolgreich, bot sich ihm vier Jahre später von neuem die Gelegenheit, seine Macht zu entfalten. 1835 hatte die schweizerische Regierung gemäß ihrer Judengesetzgebung einem aus dem Elsaß eingewanderten Juden das Niederlassungsrecht und den Besitz von Immobilien untersagt. Der Fall wurde von der jüdischen „unabhängigen" Presse herausgestellt, die Regierung gezwungen, sich mit der Mißachtung eines „Franzosen" zu beschäftigen. Der Erfolg: Abbruch der konsularischen Beziehungen mit dem Kanton Basel wegen „Mißachtung des Völkerrechtes". Der links-republikanische Crémieux aber stellte sich an die Spitze der Abordnung, die dem König ihren Dank aussprach mit den Worten:

> „Es geschah im 19. Jahrhundert: einem französischen Bürger wurde in einem Kanton der Schweiz im Widerspruch zum Völkerrecht und zum Inhalt der Verträge das Recht verweigert, Immobilien zu erwerben. Dieser Bürger war ein Jude, das war sein einziges Verbrechen. Der aus der Schweiz vertriebene Jude sagte aber: „Ich bin französischer Bürger!" — und der König der Franzosen brach alle Beziehungen mit dem Kanton ab, der die mit dieser Bürgerwürde verbundenen Rechte mißachtet hatte. Ehre sei dem, der der Welt durch einen feierlichen Akt die großen, unvergänglichen Errungenschaften unserer ruhmreichen Revolution geoffenbart hat."
>
> (3) Seite 271.

Nachdem Crémieux so den Boden der Politik betreten hatte, wurde er bald in die Deputiertenkammer gewählt, wo unter seinem Einfluß eine Reihe von Gesetzen durchgefochten wurde, die den Anschauungen seiner Anhänger entsprachen. In dieser Aera wird der Judeneid aufgehoben, die Anregung gegeben zur Einführung der Ehescheidung, von neuem die Behandlung der Juden in der Schweiz und Sachsen diskutiert. Die Widerstände, die ihm entgegengestellt wurden, vermehren die Zahl seiner radikalen Anhänger, die mit ihm nur ein Ziel kannten: die Revolution.

> „Die konservative Politik des Guizot trieb Crémieux immer weiter nach links, in den Rachen jener radikalen Opposition, die dem vor

der Juli-Monarchie eingeschlagenen Rechtskurs entgegentrat und so den Weg für die Revolution 1848 ebnete." (3) Seite 272.

Die ersten Monate der Juli-Revolution geben ein offenkundiges Bild jüdischer Hilfestellung. Wie der jüdische Finanzminister Goudchaux die Rothschilds vor dem Untergang rettete, so half auch Crémieux seiner Anhängerschar, die ihn zum Justizminister der provisorischen Regierung gemacht hatte. Sein erstes Gesetz in dieser Eigenschaft hob die Todesstrafe für politische Verbrecher auf.

Die Herrlichkeit der provisorischen Regierung war aber von kurzer Dauer. Crémieux mußte erkennen, daß seine Stellung noch nicht genug gefestigt war. So beginnt er den Ausbau einer machtvollen Organisation, die ihn 1870 endgültig in den Sattel hebt: die „Alliance israélite universelle".

Auch die Tage des jüdischen Finanzministers Goudchaux waren gezählt. Die zwischen dem Staat und dem Hause Rothschild geschlossene Anleihe aus dem Jahre 1847 war in der Revolution zusammengebrochen, was nicht wenig zur Erschütterung des Rothschildschen Bankhauses beitrug. Zur Sanierung ermöglichte Goudchaux dem Rothschild die heimliche Ausgabe von dreizehn Millionen fünfprozentiger Rente und war auch beim Erwerb einer Anleihe Griechenlands behilflich. Durch solche Unterstützungen wurde das ins Wanken geratene Bankhaus zwar wieder flott gemacht, aber zugleich auch die Stellung des Finanzministers unhaltbar. Der große Gegenspieler Rothschilds, Pereira, brachte nicht nur seinen Sturz zuwege, sondern setzte auch einen eigenen Vertreter ins Finanzministerium, den Juden Fould.

> „Mit ihrer Unterstützung erwies Fould als Verwalter der Finanzen Frankreichs Napoleon III. überaus wertvolle Dienste und wurde so zu einer Stütze des zweiten Kaiserreiches." (3) Seite 254.

Proudhon charakterisierte das Ergebnis der 48er-Revolution mit den Worten: „Frankreich hat die Juden gewechselt."

Die Pereiras standen als heimliche Anhänger des Saint-Simonismus mit den inneren Kräften der Revolution in Verbindung. Sie besaßen ausschlaggebende Zeitungen der Sozialisten, wie „Laterne", „Petite République socialiste" und vor allem den „Globe", das Organ der Saint-Simonisten. Drumont kennzeichnet die Bewegung in seinem Buch „Das verjudete Frankreich":

> „Die Schule des St. Simonismus, die sich zum größten Teil aus Juden rekrutierte, ohne das christliche Element zu verschmähen, ist eines der denkwürdigsten Attentate auf die menschliche Vernunft.
>
> Es war der Versuch, den Juden aus der Gefangenschaft, aus seinem sittlichen Ghetto zu erlösen, um ihn, wie Heine sagt, zum befreiten Juden zu machen. Statt sich dem Christentum zu verbinden, beseitigte er dies, indem er eine neue Religion gründete.

Selbstverständlich waren hierbei die herrschenden Tendenzen: materieller Genuß als einziger Zweck des irdischen Lebens und daraus hervorgehend, persönliches Wohlbefinden durch den Kultus des Geldes, wobei man indeß eine schwache Regung von einer sozialen Verbrüderung durchblicken ließ." (4) Seite 286.

Diese Gedanken einer Menschheitsverbesserung nahmen die Pereiras in ihre Geldpolitik auf und trugen so ihren Anteil an der Ausbeutung Frankreichs bei.

„An Stelle des alten Wuchersystems setzten die Rothschilds die Staatsanleihe; die Pereiras schufen ein neues Geldsystem: Die Wohltat des Kredits, den schnellen Umsatz des Geldes, die Beweglichkeit des Kapitals, und wußten dies alles mit dem philosophischen und literarischen Schimmer: ‚Annäherung der Völker, Verbesserung zur Hebung der Verarmung' zu umgeben ..." (4) Seite 292.

„Crédit mobilier" war als erste auf genossenschaftlicher Grundlage eröffnete Aktienbank das Ergebnis der jüdischen Finanzpolitik in Frankreich des zweiten Kaiserreichs. Sie brach alsbald zusammen. Gerade die mittleren Kaufleute u. a. m., denen geholfen werden sollte, wurden empfindlich geschädigt. Trotzdem gehörten die Pereiras dem „Corps législatif" Napoleons III. an.

Im zweiten Kaiserreich lassen sich die Auswirkungen der französischen Emanzipation erkennen. Von den höchsten Staatsstellen bis zu den Präfekturen nimmt das Judentum seinen Platz ein. Auch auf kulturellem Gebiet vollzieht sich der Einbruch.

„Man gehe in jene Teile der Stadt, wo wirklich gearbeitet wird. Hier wirkt der Jude Germain Sée, trotz der unablässigen Abmachungen und Bitten Girauds beim Senat, demoralisierend auf die Jugend ein, welche dem nachfolgenden Geschlechte den Materialismus einimpft. Wendet man sich dorthin, wo alles dem Vergnügen lebt, z. B. unter den Zinkpalmen von Mabille, so findet man den Juden Albert Wolf, wie er freundschaftlich mit Oberst Dupin, dem alten mexikanischen Guerilla-Chef, über den er einen interessanten Artikel veröffentlicht hat, von den schwachen Seiten des französischen Heeres spricht.

Man gehe in die Tuilerien, so tritt einem dort Adrian Marx, der Racine der Neuzeit, gleichzeitig Historiograph Frankreichs entgegen; Julius Cohn dirigiert dort die Kapelle, Waldteufel das Ballorchester des Hofes. Die Archives israélites verlangten, daß man den böhmischen Juden Philipp Koralek zum Lehrer der Mathematik des kaiserlichen Prinzen ernenne." (4) Seite 307.

Selbst am Hofe hatte das Judentum unmittelbar Fuß gefaßt. Der Beichtvater der Kaiserin ist ein aus Deutschland eingewanderter, zum Christentum übergetretener Jude Josef Maria Bauer. Hier hatte das Judentum der Kirche das ebenso alte wie wirksame Mittel der direkten Beeinflussung des Hofes nachgeahmt. Sein wahres Gesicht aber zeigte der Eindringling bei der Belagerung von Paris durch die deutschen Truppen 1871. Als Feldgeistlicher leistete er Spionagedienste für beide Seiten, und als das Geschäft durch die Einnahme der Stadt einging, zog er die Priesterkutte aus, ging zum Theater und „verbreitete von dort aus schamlose Schilderungen über gewisse Mysterien des zweiten Kaiserreiches". (4) Seite 308.

Der verhängnisvolle Einbruch des Judentums löste natürlich in der breiten Bevölkerung eine Abwehr-Reaktion aus. Schon bei der 48er-Revolution war es zu Aufständen im Elsaß gekommen, wo durch die Aufhebung des „décret infâme" den jüdischen Wuchereien wieder die Tür geöffnet worden war. Jedoch war die Macht des Juden im Staate schon so weit gediehen, daß solche berechtigten Unruhen von Staats wegen unterdrückt werden konnten. Der Innenminister gab dem Präfekten des Departements Bas-Rhin den Befehl, die „Judenhetze mit allen Mitteln zu verhindern", denn, „wenn in der Regierung die Personen auch wechseln, es immerhin Prinzipien gibt, die keine Regierung der Welt preisgeben könne". (3) Seite 453.

Auch der katholische Klerus versuchte, sich des jüdischen Einflusses zu erwehren, indem er die Juden aus den Schulkollegien — allerdings erfolglos — auszuschalten suchte.

Solcherlei judengegnerische Anzeichen konnten das Judentum zu einem nur noch engeren Zusammenschluß veranlassen. Die durch Napoleon geschaffene Konsistorialverfassung war ein wirksames Machtinstrument, das schon Crémieux als Vizepräsident benutzte. Auch Goudchaux war vor seiner Ernennung zum Finanzminister ihr Vizepräsident, sodaß dieser Posten als Vorstufe zum Ministersessel angesehen werden kann.

So sehr schien die Machtstellung in Frankreich gefestigt zu sein, daß daran gedacht werden konnte, auch den Rassegenossen in anderen Ländern eine entsprechende Position zu verschaffen. Zweimal schon hatte man durch Frankreich die jüdischen Interessen im Auslande verfechten lassen. Um nun Frankreich weiterhin auf diesem Weg zu zwingen und zugleich eine wirksamere Einflußmöglichkeit im Ausland zu besitzen, wurde 1860 die Alliance israélite universelle gegründet. Durch diese internationale Verankerung war sie ein ausgezeichnetes Druckmittel auf die französische Regierung, die, einmal beherrscht, fortan Vorspanndienste zu leisten hatte. Die Alliance israélite universelle stellte sich offiziell die beiden Aufgaben:

„1. allerwärts die Emanzipation und den moralischen Fortschritt der Juden zu fördern;

2. allen denen, die um deswillen, weil sie Juden sind, Verfolgungen erdulden, tatkräftigen Beistand zu leisten." (3) Seite 458.

Der an alle Juden der Welt gerichtete Aufruf blieb nicht ohne Erfolg. In England, Österreich, Deutschland und Amerika wurden Zweigstellen gegründet und die bald aufgenommenen Aktionen steigerten die Mitgliederzahl erheblich. Der an der Spitze der Alliance israélite universelle stehende Crémieux hatte „ein wachsames Auge auf die Dämonen des Despotismus und versäumte es nicht, jedesmal, wenn den Juden Gefahr drohte oder eine Verbesserung ihrer bürgerlichen Rechte erreichbar zu sein schien, im Namen der Alliance israélite universelle seine Stimme zu erheben". Die in jüdischen Händen befindliche Presse sorgte dann dafür, daß der „Fall" der Öffentlichkeit mit der entsprechenden Kommentierung von Humanität und Fortschrittlichkeit vorgetragen wurde. Damit war auch die öffentliche Meinung gewonnen. So griff Crémieux in den „Fall Mortara" ein. Mit großem Erfolg waren seine Bemühungen um die Stammesgenossen in der Schweiz gekrönt. Er konnte die französische Regierung bestimmen, den Abschluß eines Handelsvertrages mit der Schweiz von der Zusage abhängig zu machen, daß in der Schweiz allen zuwandernden französischen Juden die Gleichberechtigung zuerkannt werde.

Auch für die Lage der Juden in Rumänien setzte die französische Regierung sich auf den Druck Crémieux' hin ein. Der Kaiser richtete mehrere Briefe an den späteren König Carl, in denen er auf die Stellungnahme der „französischen Öffentlichkeit" hinwies und ihn zu milderem Vorgehen ermahnte. Der endgültige Sieg wurde auf dem Berliner Kongreß 1878 erfochten, wo der französische Außenminister beantragte, die Unabhängigkeit Rumäniens nur dann anzuerkennen, wenn Rumänien

> „allen Landesbewohnern ohne Unterschied der Konfession das gleiche Recht zugestehe". (3) Seite 489.

Ausschlag gab dann die gleiche Stellungnahme des auf dem Kongreß als Vertreter Englands weilenden Disraeli.

War die Tätigkeit der Alliance israélite universelle von solchen außenpolitischen Erfolgen gekrönt, so mußte die Rückwirkung auf ihr eigentliches Stammland, Frankreich, ungleich größer sein.

IV. Der Panama-Skandal.

1878 gab der „Congrès Internationale d'Etudes du Canal Interocéanique" dem Erbauer des Suezkanals, Lesseps, den Auftrag, einen Kanal zu erbauen, der den Stillen Ozean mit dem Atlantischen verbinden sollte. Lesseps, der ein großes Ansehen durch sein bisheriges Werk erlangt hatte, legte eine Subskription aus, um das notwendige Kapital zu bekommen. Aber ihr Erfolg kam einem gänzlichen Scheitern gleich. Zwei Kräfte standen seinem Werk gegenüber: die Hochfinanz und die Presse. Wollte er Erfolg haben, so mußte er beide für sich gewinnen. Da gab ihm Lévy-Crémieux, Vizepräsident der „Société Franco-Egyptienne" den Rat, sich mit beiden Mächten zu vereinen. Die Banken sollten sich in das Zeichnungsgeschäft einschalten und den Sparer auf das günstige Geschäft aufmerksam machen. Aufgabe der Presse aber war die Herausstellung des Panama-Unternehmens als einer ebenso sicheren wie vorteilhaften Kapitalsanlage. Um dies aber zu erreichen, waren Subventionen notwendig, die je nach Stellung und Wert des Empfängers bemessen wurden. So gelang es der Panama-Gesellschaft, bei der nächsten Subskription schon das Doppelte zu erzielen.

Solche Geschäftsmethoden waren für das Frankreich des ausgehenden 19. Jahrhunderts keine Besonderheit. Die Panama-Gesellschaft war aber mit dem Augenblick zum Ruin verurteilt, in dem sie die Ausführung der Subventionen in die Hände der beiden Juden Herz und Lévy-Crémieux legte. Durch sie wurden die Subventionen zu Bestechungsgeldern, mit denen sie alles erpressen konnten, was ihnen das Geschäft förderte, und durch die Hineinziehung der Korruption in die Politik waren alle Regierungskabinette und Senate der Macht der Juden ausgeliefert. Die Aufdeckung aber erschütterte den Staat bis in seine kleinsten Organisationen. Der geniale Plan des Panamakanals aber war, als Mittel zum Zweck benutzt, der Vernichtung preisgegeben.

Hatte für vier Jahre der durch Lévy-Crémieux und den Baron Reinach, einem anderen Vertreter der jüdischen Gesellschaft, entfachte „Panama-Enthusiasmus" ausgereicht, um die Sparer zu immer neuen Zeichnungen zu bewegen, so machte sich am Ende des Jahres 1884 ein Rückgang bemerkbar. Die Vollendung des Kanals war immer von neuem herausgeschoben worden, und unter den Aktionären, die bis dahin schon 556 Millionen gezeichnet hatten, machte sich eine Unruhe bemerkbar. Als auch der persönliche Appell Lesseps nichts fruchtete, stellte die Gesellschaft bei der Regierung den

Antrag auf Ausgabegenehmigung von Losen. Als die Regierung sich ablehnend verhielt, war für die Parasiten des Unternehmens der Zeitpunkt gekommen, ihre Korruption in verstärktem Umfang in die Politik zu tragen. Dem damaligen Innenminister Allain-Targé, dessen Neuwahl bevorstand, machte Lévy-Crémieux unverblümt den Vorschlag:

> „Wir haben alle Zeitungen in der Hand und können einen erbitterten Feldzug gegen Sie entfesseln. Sie brauchen geheime Fonds für die Wahlen; Sie haben nicht genug. Die Kompagnie würde Ihnen mit Vergnügen einige hunderttausend Franken als Hilfe geben."
>
> (1) Seite 260.

Dieser Bestechungsversuch bei der Regierung mißlang. Das in Gefahr geratene Unternehmen mußte sich nach einer neuen Hilfe umsehen, wollte es nicht zusammenbrechen. Das zu verhüten, versprach der Jude Cornelius Herz — gegen eine Aufwandsentschädigung von 10 Millionen. Er drängte sich in die von seinesgleichen heruntergewirtschaftete Gesellschaft, um auch noch sein Geschäft herauszuschlagen. Herz besaß eine dem Judentum der dritten Republik entsprechende Stellung in Frankreich. Sein Biograph wußte zu berichten:

> „In der Tat — die Leiter der Republik waren seine guten Bekannten, die Minister seine Busenfreunde. Die Botschafter suchten seine Gunst, die Gelehrten fanden in ihm einen liebenswürdigen Kollegen und die Schriftsteller einen gebildeten Kameraden. Sein Rat war von den Staatsmännern begehrt bei den zahlreichen Ministerwechseln, und die schwankenden Kabinette zu schwach, um den Parteien der Kammer Zügel anzulegen, nahmen mehr als einmal ihre Zuflucht zu der wohlwollenden Überlegung des Mannes, den man öfters als den „Grand Electeur de la France" bezeichnet hat ... zu dem, der in den Augen des Publikums jene Schattengestalt war, die Minister deckt, erhebt und stürzt, und der im Leben des französischen Staates als eine andere ‚Graue Eminenz' galt." (2)

Von jener Machtstellung sprachen auch die äußeren Ehrungen. 1879 wurde er zum Ritter der Ehrenlegion erhoben. Zwei Jahre später zum Offizier und abermals zwei Jahre später zum Kommandeur der Ehrenlegion ernannt.

Herz stellte sich die Aufgabe, die Kammer zur Annahme des Gesetzes umzustimmen. Die Kammer setzte eine Kommission ein, deren Berichterstatter, von der Gesellschaft schon bestochen, sich aber erschoß. Da griff der Ministerrat ein und entsandte einen Staatsingenieur zur Prüfung nach Mittelamerika. Als sein zweideutiger Bericht nicht weiterführte, wurde der Ministerpräsident gestürzt — durch Clémenceau, einen Vertrauten von Herz, der gleichzeitig Finanzier der radikalen Partei war und ihr Organ „Justice" (Gerechtigkeit!) kommandierte. Herz ließ also nicht nur das Geld spielen, sondern rückte auch die Partei für seine Interessen ins Feld.

Als das neue, nun gefügige Kabinett durch einen unvorhergesehenen außenpolitischen Zwischenfall stürzte, kam ein neues ans Ruder, das dem Losgesetz freundlich gegenüberstand. Herz aber, der trotz seines großen Gewinns erfolglos geblieben war, fand einen Ersatz in dem Juden Emile Aaron, der sich Arton nannte. Er arbeitete in den Wandelgängen der Kammer. Zum Katholizismus übergetreten, bekannt als Kassierer eines religiösen Vereins und als reichlicher Almosenstifter, besaß er die beste Voraussetzung für seine Bestechungen. Ihm gelang es, das Parlament wenigstens zur Gesetzesberatung zu gewinnen. Wieder wird eine Kommission ernannt, wieder ein Ministeruim gestürzt. Eine neue Kommission brachte endlich den Vorschlag ein, die Ausgabe von Losen in Höhe von 720 Millionen zu bewilligen. Dank der rührigen Arbeit Artons wurde das Gesetz 1888 von der Kammer angenommen. Nun mußte es noch dem Senat vorgelegt werden. Auf welche Weise mit den Senatoren gehandelt wurde, beweist ein Brief des Mittelmannes Artons, des Juden Isaak Irenäus Blanc:

> „Mein teurer Herr! Wie ich Ihnen gesagt habe, ist es sehr delikat, die Senatoren ernsthaft zu beeinflussen; nach meiner Ansicht ist die wirksamste Aktion, von Ausnahmen abgesehen, die Überredung, solange man es mit Leuten zu tun hat, die von Geldgeschäften nichts verstehen... Was die andern angeht, so glaube ich, ihr Entschluß ist gefaßt und sie haben ihre Geneigtheit genügend gezeigt, um zu gestatten, daß man sie heranholt." (1)

Der Senat nahm das Gesetz gleichfalls an, was der Gesellschaft 3 015 000 Millionen kostete, wie aus Talons der Schecks hervorging, die der Jude Reinach in den Tagen ausgestellt hatte.

Nachdem so das Gesetz endlich rechtskräftig geworden war, meldete sich Herz bei Reinach, der einen Vertrag abgeschlossen hatte, der besagte, daß Herz zehn Millionen an dem Tag erhalten sollte, an dem das Gesetz angenommen wurde. Reinach zögerte noch, als Herz an die Gesellschaft folgendes Telegramm richtete:

> „Ihr Freund (Reinach) möchte beschummeln; er muß zahlen oder springen, und wenn er springt, so werden seine Freunde (die Parlamentarier) mit ihm springen. Ich werde alles zerbrechen, ehe ich mich auch nur um einen Centime bestehlen lasse. Bedenken Sie das, denn es ist gerade noch Zeit." (1)

Die Wirkung war so ausschlaggebend, daß acht Tage später die zehn Millionen ausgezahlt wurden. Herz aber spielte seine Erpresserrolle bis zum letzten. Er forderte eine Liste aller Abgeordenten, die von Reinach oder Arton bestochen worden waren, indem er gleichzeitig mit Enthüllung drohte.

Auch diese Forderung wurde erfüllt und damit besaß Herz ein Machtmittel, nicht nur alle künftigen Angriffe vonseiten der Regierung abzuweisen, sondern auch um einen Druck auf dieselbe auszuüben.

Die vier Jahre währende Korruption der ganz in jüdischen Händen befindlichen Gesellschaft hatten die Sparer hellhörig gemacht. Die für 750 Millionen verteilten Lose brachten nur 254 Millionen ein. Noch einmal versuchte Lesseps, mit seinem Ansehen die Gefahr durch eine neue Subskription zu bannen. Aber auch er scheiterte. Damit war der Zusammenbruch gegeben.

In acht Jahren haben die gutgläubigen Sparer 1 335 538 454 Franken eingezahlt, die zum größten Teil in die Taschen der jüdischen Vermittler geflossen waren. Ihr Geschäft vernichtete aber eine halbe Million mittelständischer Existenzen.

Ausgang des Panama-Unternehmens.

Für einige Jahre blieb es ruhig um das Panama-Unternehmen. Die Presse zehrt noch von ihrer Subvention, wie auch die bestochenen Parlamentarier und Regierungsmitglieder. Erst als eine Neuwahl des Parlaments neue Abgeordnete auf die Bühne der Politik stellte, begann das Panama-Projekt Gegenstand der öffentlichen Diskussion zu werden, denn die Untersuchung des Zusammenbruchs hatten manche Deputierte zum Stimmenfang benutzt. Auch fühlten sie sich frei von jeder Schuld und erkannten in der Forderung einer Untersuchung der Panama-Affäre ein wirksames Oppositionsmittel gegen die Regierung. So nahm denn zu Anfang des Jahres 1892 das Parlament einstimmig die Entschließung einer Untersuchung an.

Nun beginnt ein tragisch-komisches Spiel, in dem abwechselnd Regierung und Parlament die Unterdrückung der Untersuchung erpressen wollen. Die eigentlichen Drahtzieher waren aber die Juden, die beide bestochen hatten, und mit ihrem Wissen nicht nur Regierung und Parlament gegenseitig ausspielten, sondern zugleich auch für sich die Straffreiheit erzwangen. Der eigentliche Organisator aber, Lesseps, dessen großer Plan durch die Betätigung der jüdischen Agenten vernichtet wurde, der wurde mit seinen Mitarbeitern vor die Schranken des Gerichts gestellt und verurteilt.

Nachdem im Parlament selbst die gekauften Abgeordneten eine Untersuchung forderten, wurde der Regierung durch einen Direktor der Gesellschaft eine Liste überreicht, die alle Namen der gekauften Parlamentarier enthielt; damit besaß die Regierung ein Mittel, die Entschließung unbeachtet zu lassen, wie es ja auch in ihrem Interesse lag. Das gelang insofern, als nur gegen Lesseps und seine Direktoren ein Strafantrag gestellt wurde. Die Bestechung der Parlamentarier blieb dabei unberücksichtigt, bis die „Libre Parole", die von dem Judengegner Drumont herausgegebene Zeitung, sie aufrollte. In ihr erschienen eine Reihe von Artikeln, die eine gute Kenntnis um die parlamentarische Korruption verrieten. Dadurch zwang sie den untersuchenden Generalstaatsanwalt, den Baron Reinach zur Vernehmung zu zitieren. Wie sehr die Maßnahme einen der Schuldigen traf, beweisen die krampfhaften Versuche Reinachs, die „Libre Parole" zu bestechen. Als das nicht gelang, traf er mit der Zeitung die Abmachung, daß er sie mit Material über die Betrügereien versorgen würde, unter der Bedingung der Außerachtlassung seiner Person.

Die Veröffentlichungen der „Libre Parole" hatten aber schon bewirkt, daß bei Reinach Hausuntersuchung vorgenommen wurde, jedoch ohne Erfolg, da Reinach inzwischen ins Ausland geflohen war. Der Gang der Untersuchung zwang den Generalstaatsanwalt, gegen Reinach auch Anklage wegen Vertrauensbruch und Betrugs zu erheben. Reinach kommt nach Paris zurück, um den Finanzminister zu bitten, ihm gegen Herz, den er für alle Angriffe in der Presse verantwortlich sieht, zu helfen. Man fährt zusammen mit Clémenceau zu Herz, wo dieser erklärt, er könne nichts unternehmen. Damit war Reinach aufgegeben. Vier Tage vor dem Gerichtstermin starb Reinach plötzlich, zu günstiger Stunde für Regierung und Parlament, die nun sein Wissen um die Korruption nicht mehr zu fürchten brauchten. Da forderte die Gruppe der Boulangisten eine neue Untersuchung der Korruptionen, vor allem auch eine Obduktion der Leiche Reinachs. Als diese erfolglos blieb, griff eine neue Gruppe die Panama-Frage auf, um im Parlament an Macht zu gewinnen, damit die Regierung bedrängt würde und ihren neuerdings revisionistischen Standpunkt aufgebe. Es waren die Radikalen unter Führung von Clémenceau. Die Boulangisten kannten aber den heimlichen Patron der Radikalen: Cornelius Herz. Ihr Führer Déroulède sagte, daß

> „dieser kleine deutsche Jude tatsächlich den Eindruck machte, als sei er der allmächtige Herr der öffentlichen Gewalten und als halte er in seinen Händen alle Fäden des französischen Parlamentes ..... Ja, in der entscheidenden Stunde, unter den sehr kritischen Umständen, die aus Herrn Rouvires Händen das Portefeuille der Finanzen rissen und die am Abend dem Baron Reinach das Leben kosteten — da war der Schiedsrichter über dieses Schicksal, der, dem man sich zu Füßen warf, um dessen Schweigen man sich mühte, nicht etwa der Präsident der Republik, nicht der Präsident eines Gerichtes, nicht der Ministerpräsident: es war Cornelius Herz!" (3) Seite 291.

Herz hatte sich aber schon lange nach dem sicheren London begeben und so konnte unter der Anklage Déroulèdes vorerst nur sein Freund Clémenceau fallen. Alle gekauften Abgeordneten sahen in Clémenceau ihren Feind, der sie mit seinem Wissen bedrohte, und gaben ihn der Vernichtung preis. Damit war das ganze Parlament in Unordnung geraten, was sich nicht nur in Frankreich, sondern auch im Auslande auswirkte. Ein treffendes Stimmungsbild aus den Tagen entwarf der deutsche Botschafter in einem Bericht nach Berlin:

> „Fast alle diejenigen, welche in den letzten zehn Jahren regiert haben, sind vollständig diskreditiert... Das jetzige System ist bald bankrott; wer der Konkurs-Kurator ist, kann niemand in diesem Augenblick voraussagen. „A bas les voleurs!" schallt es republikanischen Deputierten entgegen, wenn sie sich in der Provinz sehen lassen, der gleiche Ruf ist es, mit welchem die Elemente der Gärung in Paris am Eröffnungstage vor die Kammer ziehen wollten, zur Chambre des Voleurs, wie der Volksmund sie bereits geläufig nennt; dieselbe Losung ist es, unter der die Revolutionäre aller Farben sich sammeln, wirken und kämpfen. Die Mißachtung der bestehenden Ordnung schleicht sich in die Massen, der Wunsch nach Neuem, Besserem, wird laut, das Verlangen nach einer kühnen Tat, nach einer Rettung wird rege..." (4)

Die Hauptbetrüger Herz und Arton befanden sich seit einiger Zeit im Ausland. Sie kannten alle Gekauften. Wollte die Regierung die Affäre ersticken, so mußten sie die beiden Hauptschuldigen zum Schweigen verpflichten. Gegen Herz hatte der Neffe des verstorbenen Reinach Strafantrag wegen Erpressung an seinem Onkel gestellt. Als Herz daraufhin verhaftet wurde, zitterte die Regierung vor seinen Aussagen. Ein ärztliches Zeugnis aber setzte ihn in Freiheit und kurze Zeit später starb er. Damit war die französische Regierung und das Parlament von einem Alpdruck befreit. Es blieb also noch Arton.

Dieser jüdische Großbetrüger hatte wegen Unterschlagungen Frankreich 1892 schon einmal verlassen müssen. Man hatte ihm eine gute Weile später einen Haftbefehl nachgesandt. Mit ihm trat die Regierung durch den jüdischen Bankier Salberg in Verbindung und vollendete die Groteske in der Entsendung eines Polizeikommissars, der den Auftrag hatte, unmittelbar mit Arton zu verhandeln. Arton versetzte aber durch geschickte Anspielungen auf seine Kenntnisse die Regierung nur noch mehr in Bestürzung. Eine neue Regierungskrise brachte neue Minister in die Regierung. Als im Parlament wegen der Fahndung Artons interpelliert wird, wird ruhig seine Verfolgung versichert. Gleichzeitig wird der alte Polizeikommissar auf Suche geschickt, der Arton durch ganz Europa verfolgt, ohne ihn fassen zu können, da Arton regelmäßig über seine Reiseroute von der Regierung aus unterrichtet wurde. Der Fortgang der Verhandlungen ist unklar geblieben. Arton lebte aber friedlich als Bankier in London. Sein Wissen in der Bestechungsaffäre zwang die Regierung nicht nur, den Strafvollzug gegen ihn auszusetzen, sondern lieferte sie vielmehr in die Hände des jüdischen Betrügers.

Inzwischen waren die Verhandlungen gegen Lesseps, Vater und Sohn, seinen Direktoren und Eiffel, dem Erbauer des Eiffelturms, den Lesseps für seine Pläne gewonnen hatte – so weit gediehen, daß das Urteil gefällt werden konnte. Lesseps war gegen die Anklage des Vertrauensbruches machtlos, da er nicht wußte, wie seine jüdischen Agenten Lévy-Crémieux, Reinach, Herz und Arton die Bestechungsgelder verteilt hatten, die sein Unternehmen vernichteten. Die Juden, wie die Gekauften, fanden aber in ihm den Prügelknaben, auf den sie den Groll der betrogenen Sparer abwälzen konnten.

Das Urteil lautete:

> „Am 9. Februar 1893 verurteilte das Gericht Ferdinand und Charles de Lesseps zu je fünf, die Herren Fontane, Cottu und Eiffel zu je zwei Jahren Gefängnis. Die Angeklagten brachten den Prozeß vor die Cour de Cassation. Diese entschied am 16. Juni 1893, daß das Vergehen der Angeklagten bereits verjährt sei, daß sie also freizulassen seien." (5) Seite 301.

Der Jude Josef Reinach aber zieht ins Parlament ein, ein Zeichen, daß der antisemitische Sturm vorüber ist.

V. Edouard Drumont.

Als die korrupte Regierung und ihr Parlament die Aufdeckung der riesigen Betrügereien der jüdischen Saboteure des Panama-Unternehmens zu unterdrücken gewillt waren, war es Eduard Drumont, der durch die Veröffentlichungen in seiner Zeitung „Libre Parole" eine neue Untersuchung erzwang.

Aus der Provinz kommend, erlebte er in den Jahren 1868–71 in Paris den Zusammenbruch des zweiten Kaiserreiches und konnte beobachten, wie das Judentum seine Kräfte spielen ließ, um das Land zu erschüttern und die jüdische Machtstellung in den neuen Verhältnissen zu festigen. Bei dem Aufstand der Kommunards, wo er zum ersten Male die jüdischen Propagandisten in der Masse wirken sah, stand er auf Seiten der Regierung, und nur einem guten Freund verdankte er es, nicht als Geisel in die Hände der Aufständischen gefallen zu sein. Der Fall von Paris bedeutete für das Judentum einen Sieg, und mit dem Einzug der deutschen Truppen dringen auch neue jüdische Elemente in Paris ein:

> „Gleich auf die soldatische Gruppe folgte eine zweite, diese in Zivil. Diese zweite Gruppe war sicher noch interessanter als die erste. Hinter den eisenklirrenden, erzblinkenden Kentauren ritten, auf ihre Pferde geklemmt wie Pinzetten, in langen, braunen, gefütterten Überziehern, sonderbare Personen. Längliche Gesichter, goldene Kneifer, lange Haare, rötlich schmutzige Bärte, zu Hängelocken gedreht, breitkrempige Hüte. Es waren ebensoviele israelitische Bankiers ebensoviele Isaak Laquedems, die der deutschen Armee folgten wie die Aasgeier. An dem Aufputz war ihr Gewerbe unschwer zu erkennen.
>
> Kein Zweifel, das waren die jüdischen Rechnungsmeister und Finanziers, die unsere Millionen einkassieren sollten.
>
> Nach dem militärischen Generalstab kam hier der Generalstab des Ghettos." (1)

Seit dieser Zeit wendete Drumont seine Aufmerksamkeit auf das Judentum und fand bald, daß der Jude die Schuld trug an dem nationalen und kulturellen Verfall des Landes. Wie in einem Totentanz zu jeder Person der Tod, so gehörte zur Presse, Regierung und Kapital der Jude.

Cornelius Herz beherrschte die Radikalen, die Opportunisten Josef Reinach, die Rechten, hatten ihren Arthur Mayer wie der Boulangismus seinen Alfred Naquet. Die tonangebende Kunstkritik schrieb Albert Wolf im „Figaro" und Eugéne Wolf beherrschte durch die „Laterne" die Masse von Paris und damit ihre Stimme.

So entwarf Drumont in seinem Werk „Mon vieux Paris" ein vortreffliches Bild der inneren Dekadenz Frankreichs, von der alle Schichten dank des jüdischen Wirkens ergriffen wurden. Diese Erkenntnisse heilten ihn von seinem republikanischen Liberalismus und er setzte seine Hoffnung auf die Adligen, als „die vollkommensten Vertreter der arischen Rasse". Aber auch hier wurde er enttäuscht. Ebenso wie dem Adel die Kraft zur Niederschlagung der Kommune fehlte, so besaß er auch nicht den Mut, sich dem jüdischen Einfluß zu entziehen und sich zur eindeutigen Abwehrfront Drumonts zu bekennen. Sie sagten ihm:

> „Wie wahr ist das, was Sie geschrieben haben! Was Ihre Gefühle für die Juden angeht, so sind sie nicht wie bei unsereinem Empörung über die Ausbeutung, über den organisierten Ruin des Landes. Es ist eine Art unbestimmbarer Geringschätzung, unaussprechlich, so wie unseresgleichen sie gar nicht empfindet, denn wir haben die intellektuelle Bewunderung für die besonderen Fähigkeiten dieser Rasse: Sie erzählen uns über die Juden in der guten Gesellschaft Schrecklichkeiten, die wir nicht niederschreiben möchten, und fügen hinzu, daß sie morgen bei Rothschild und Hirsch dinieren ..." (2)

Der Kampf der laizistischen-freimaurerischen Kräfte unter Führung Ferrys gegen die Kirche läßt Drumont auf den Katholizismus als Bundesgenossen hoffen und er kämpft mit ihm mutig gegen die Schulgesetze Ferrys. Abermals wurde er betrogen. Als sein „France juive" erschien, suchte Arthur Mayer gleich den Erzbischof von Paris auf, der entschieden von seinem früheren Mitkämpfer Drumont abrückte und das Werk des katholischen Publizisten nicht anerkannte. Auch in den Wahlkämpfen in Paris hat die hohe Geistlichkeit ihr Möglichstes getan, um die Arbeit Drumonts unwirksam zu machen.

So wandte sich Drumont an die breite Masse, um, auf sie gestützt, den Kampf gegen das Judentum aufzunehmen. In ihm waren ähnliche christlich-soziale Gedanken wach wie bei Stöcker, wenngleich er nicht die Taufpolitik des Hofpredigers billigte. Aufmerksam beobachtete er die Entwicklung der Judengegnerschaft in Deutschland und erkannte bald, daß mit Wilhelm II. auch der Abwehrkampf zusammenbrechen würde. Drumonts Anschluß an die breite Masse des Volkes gelang ihm insoweit, als er durch seine „Libre Parole" ihnen die Augen öffnete. Sie aber zu organisieren und damit sich einen Machtfaktor zu schaffen, dazu besaß Drumont keine Fähigkeiten. Er war ein blendender Propagandist, wenn er in seiner Redaktion spitze Artikel gegen das System schrieb, die das Volk aufputschten. In Massenversammlungen aber oder im Parlament, wo er monoton mit kurzsichtigen Augen sein Manuskript herunterlas, enttäuschte er die ihm sonst freudig zujubelnde Menge. Das Fehlen eines politischen Führertums erklärt es, daß die von Drumont wachgerufenen Kräfte nicht zu einer politischen Macht geformt wurden, um den Fremdling wirksam aus dem Leben der Nation auszuschalten.

Drumonts erster Erfolg war sein Werk: „La France juive" 1886.

> „Es war eine kleine Bombe, so schrieb er, die mir Gesellschaft leistete und an der ich nach Muße ziselierte und feilte, in dem sicheren Empfinden, der Augenblick werde kommen, wo ich das Geschoß unseren Unterdrückern zwischen die Beine schleudern könnte." (3)

Die Explosion der Bombe wäre vielleicht wirkungslos verpufft, hätte sich der jüdische Leiter des „Gaulois", Arthur Mayer, nicht in dem Buche beleidigt gefühlt. In dem Duell zwischen ihm und Drumont klammerte sich Mayer an den Degen des Gegners, um den an der Verteidigung Gehinderten schwer zu verletzen. Diese Sensation hatte Drumont und mit ihm sein Werk den Parisern bekannt gemacht, und „France juive" wurde ein riesiger Bucherfolg.

Es hat zweifellos viel Mut zur Niederschrift einer solchen Anklage gegen den mächtigen Faktor in der Politik, Finanz und Kultur bedurft.

> „Diese „France juive" – wie viele meiner Kollegen hatten sie vor mir zu schreiben begonnen und hatten auf der ersten Seite innegehalten, weil die Frau sie abends bei der Lampe ansah und sagte, der Kleine wachse heran und er brauche viel Stiefel, oder zum nächsten Monat sei die Miete fällig." (5) Seite 328.

Damit weist Drumont auf die Gefahr hin, die dem Schreiber eines solchen Buches erwachse, und schildert dann, wie ihn wohlmeinende Freunde von seinem Plan abbringen wollten. Drumont hatte den Kampf aufgenommen und, nachdem Adel und Kirche ihren Beistand versagt hatten, gründete er die „Libre Parole", mit der er bald die breiten Massen beherrschte. Mit ihr rollte er den Panama-Skandal auf und stand auf dem Gipfel der Macht, als die Dreyfus-Affäre das Land aufs neue in Unruhe versetzte. Sein Kampf brachte ihm einen Sitz im Parlament, wo er auf seinen gehaßten Gegner Clémenceau stieß. Ihn forderte er mit einem ungeheueren anklägerischen Artikel in der „Libre Parole" heraus:

> „Sie haben sich damals zum Zweck Ihrer Schiebungen im Winkel der Bürgermeisterei von Montmartre verborgen, und dank Ihrer Feigheit oder vielmehr Ihrer Mitschuld geschah es, daß man am 18. März zwei französische Generale hat umbringen können, die man leicht hätte retten können. Der Jude Simon Mayer war es, Hauptmann des 169. Bataillons, der an diesem Tage operierte; er war es, der einen Monat nachher auf die Vendome-Säule stieg und die dreifarbige Fahne herabschleuderte, bevor das Denkmal unserer Siege in ein Bett von Rauch zusammenstürzte.

Ich muß es anerkennen: man kann Ihnen nicht vorwerfen, Sie seien mit sich selbst nicht logisch gewesen und hätten nicht eine gewisse Folgerichtigkeit gezeigt in Ihrer Gemeinheit.

Als Bürgermeister von Montmartre waren Sie der Mitschuldige des Juden Simon Mayer, der unsere Generale umbrachte und den Sturz der Säule leitete, im Angesicht der Preußen, die lachten, so wie sie heute auch lachen. Als Abgeordneter waren Sie der Kommanditär und der Mann für alles des deutschen Juden Cornelius Herz. Bespien von Ihren Wählern und wieder Journalist geworden, machen Sie sich zum Verteidiger des Juden Dreyfus. Sie sind ein Schurke, offensichtlich! Aber in Ihrer Art haben Sie wenigstens das Verdienst, vollkommen zu sein. (4)

Drumont stand auf dem Gipfel seiner Macht, die auf eine bedingungslose Gefolgschaft aufbaute. Aber er besaß nicht die Gabe, diese Stellung auszunutzen, die aufgewirbelten Kräfte zu einem politischen Machtfaktor zu gestalten. Damit war auch sein Abstieg unvermeidlich. — Das Judentum hatte alle seine Kräfte sammeln müssen, um seine Stellung in Frankreich durch die großen Skandale Panama und Dreyfus nicht zusammenbrechen zu lassen. Es war ihm daher ein leichtes, die ungeeinten Kräfte der Drumont'schen Bewegung zu neutralisieren.

Nach dem Wahlkampf im Jahre 1902 verlor Drumont seinen Sitz in der Kammer. Von vielen Freunden verlassen, bewarb er sich 1909 um die Aufnahme in die Akademie. Er erfuhr die Demütigung, daß ein Dreyfus-Anhänger statt seiner zum Mitglied ernannt wurde.

Drei Jahre später mußte Drumont seine einst meistgelesenste Zeitung in Paris verkaufen und 1917 verlor er durch einen Bankkrach sein kleines Vermögen. Er zog sich aufs Land, woher er gekommen war, enttäuscht und vereinsamt zurück und starb 1917, als er noch einmal die Stätte seines größten Triumphes aufsuchen wollte — Paris.

VI. Der Fall Dreyfus.

Der Panama-Skandal war eben beigelegt worden, als Frankerich von neuem auf das tiefste erschüttert wurde, durch das Juden-Element, das einen nur allzu großen Raum im öffentlichen Leben eingenommen hatte. Die Untersuchungen der Betrügereien im Panama-Unternehmen hatten das Volk weniger auf die Drahtzieher als Juden aufmerksam gemacht, als vielmehr auf die betrügerischen Geschäfte einer Reihe von Bankiers, die es um seine Sparpfennige betrogen hatten. Hinter den Kulissen hatte sich der eigentliche Machtkampf des Judentums mit dem parlamentarischen System abgespielt. Der Sieg wurde offenkundig durch die Verurteilung Lesseps und seiner Mitarbeiter und durch die Straffreiheit der eigentlichen jüdischen Spekulanten.

Der Kampf, der um Dreyfus anhob, wird auf einer anderen Ebene ausgeführt, wo das Judentum bisher den geringsten Einfluß besaß und wo ihnen bewußter Widerstand geleistet wurde: das Heer. Das Offizierskorps hatte sich vor allem den alten Konservativismus bewahrt, in dem eine strenge Judenabneigung eingeschlossen war. Ihre Abneigung fußte auf der Kenntnis vom Juden, der in allen seinen Eigenschaften dem Soldatentum fremd gegenüberstand. So ist ihre Abwehr als Ausdruck des Empfindens einer rassischen Andersartigkeit zu verstehen. Deshalb war der Widerstand des Offizierskorps für das Judentum schwieriger zu brechen, als jener der Abgeordneten und Minister, Journalisten und Bankiers, der auf einem nicht so eindeutigen Gefühl der Abneigung basierte, das mit Geld aber unterdrückt werden konnte. Der Kampf um Dreyfus ist im Grunde eine rassische Auseinandersetzung und nur diese Tatsache macht den ungeheuren Aufwand des Judentums verständlich.

Alfred Dreyfus stammte aus dem Elsaß, wo sein Vater schnell ein beträchtliches Vermögen durch mancherlei Schliche erworben hatte. Nach der Abtretung des Elsaß an das Deutsche Reich optierten drei Söhne für Frankreich, während die anderen drei einstweilen in Deutschland blieben. Die Familie Dreyfus selbst war also schon international. Alle drei französischen Brüder schlugen die Militärlaufbahn ein. Alfred kam in die Ecole militaire, wo sein jüdisches Wesen die ersten Widerstände hervorrief. Intelligent wie er war, hoffte er als Drittbester aus der Abschlußprüfung hervorzugehen, und war tief gekränkt, als man ihm den 9. Platz zuwies.

Eine Beschwerde beim Kommandeur der Kriegsschule änderte daran nichts, denn seine zahlreichen Frauenbekanntschaften, deren Kosten er sich öffentlich rühmte, Bemerkungen, daß die Elsässer sich unter deutscher Herrschaft zufriedener fühlten als unter französischer, hatten ihn als echten Vertreter des jüdischen Volkes gezeigt.

Trotzdem kam Dreyfus 1893 als Probe-Offizier in den Generalstab, wo er bis zu seiner Verhaftung im Oktober 1894 in den verschiedensten Abteilungen arbeitete. Diese Zeit hatte ihm genügt, um sich bei Kameraden und Vorgesetzten unbeliebt zu machen. Den ersteren gegenüber prahlte er mit seinem Wissen ebenso wie mit seinen Frauengeschichten und nicht zuletzt mit seinem Reichtum und Beziehungen zu Persönlichkeiten. Den letzteren aber begegnete er kriecherisch aufdringlich, um ihre Gunst zu erschleichen.

Einer seiner Vorgesetzten berichtet bei einer späteren Vernehmung, daß Dreyfus sich nur mit Dokumenten beschäftigt habe, die schon ausgearbeitet waren, und sich auch sonst mit außerordentlichem Talent um Dinge bekümmert habe, die ihn eigentlich nichts angingen. So stimmten alle Urteile der Vorgesetzten darin überein, daß Dreyfus zwar ein intelligenter Offizier sei, seine Haltung und sein Charakter aber verwerflich seien, und daß alle Kameraden einen tiefen Haß gegen ihn besaßen.

Alles ließ den jüdischen Hauptmann unangefochten; sein Streben galt der Mitarbeit in der Spionage-Abteilung. Verschiedentlich versuchte er durch Fürsprecher dem Chef der Spionagebüros, Sandher, näherzukommen. Aber ohne Erfolg. „Sandher will anscheinend nichts von mir wissen, weil ich ein Saujude bin", äußerte Dreyfus selbst gegen einen Bekannten im Spionagebüro. Sandher war Elsässer und kannte die Juden aus seiner Heimat zu gut.

Das französische Spionagebüro, das unter der Bezeichnung Séction Statistiques du Bureau de Renseignements getarnt war, hatte in der deutschen Botschaft als Vertraute eine Reinmachefrau, die dort den Inhalt der Papierkörbe für die Spionage-Abteilung entwendete. Der französische Generalstab glaubte zu wissen, daß in hohen Militärkreisen ein Verräter sitzen müsse, ohne zu einem besonderen Verdacht zu gelangen.

„Libre Parole" hatte auf die Juden im Offizierskorps aufmerksam gemacht und dabei auch auf Murice Weil gedeutet, dem „allmächtigen Juden" im Pariser Militärgouvernement. Ihn hatte das Offizierkorps aus seinen Reihen auszumerzen vermocht, ohne ihm jedoch seinen Einfluß auf den Militärgouverneur, dem Generalissimus der Armee, unterbinden zu können. Die Geschichte Weils gibt eine vortreffliche Einsicht in die Methoden des jüdischen Einbruchs in das französische Heer.

Weils Onkel war Beichtvater der Kaiserin Eugénie, der bei der Belagerung von Paris Spionagedienste für beide Lager leistete und später die intimen Hofgeheimnisse zum besten gab. Durch ihn bei Napoleon eingeführt, machte Weil schnell Karriere, die auch anhielt, als das Kaiserreich zusammengebrochen war. 1875 war er im Kriegsministerium und bis 1880 im Spionagebüro tätig. Mit dem Sturz des Kriegsministers fiel auch Weil und seine aufgedeckten Machenschaften bei Pferderennen zwangen ihn schließlich, seine Demission einzureichen. Doch bald wurde Weil wieder in der Armee aufgenommen, auf Grund der Fürsprache von Generälen, deren Vermögensverwalter er war. Er wurde dem Generalissimus der Armee beigegeben, den er sich bald verpflichtete, indem er die Beziehungen seines Chefs zu seiner eigenen hübschen Frau unberücksichtigt ließ. Trotz der Ablehnung des Generalstabs, trotz der Einsprüche des Kriegsministeriums, hielt der General Weil, bis die „Libre Parole" durch seine Angriffe das Kriegsministerium zwang, eine Untersuchung anzusetzen. Weil entzog sich ihr durch abermalige Demission. Sein Einfluß auf den Generalissimus blieb aber nach wie vor.

Als dem Spionagebüro eines Tages von der Reinmachefrau ein zerrissenes Dokument übergeben wurde, das ein Angebot über eine Reihe militärischer Geheimnisse enthielt, glaubte das Kriegsministerium, nun endlich eine Spur des Verräters entdeckt zu haben. Der Inhalt des Bordereaus, wie das Dokument genannt wurde, deutete darauf hin, daß sein Schreiber im Generalstab sitzen müsse, um alle diese Geheimnisse zu kennen. Als man die Liste der Generalstabsoffiziere durchging und auf den Namen Dreyfus stieß, hielt ihn jeder für den Spion. Ein Schriftvergleich durch den besten französischen Graphologen ergab die völlige Übereinstimmung. Da stellte der Kriegsminister den Verhaftungsbefehl aus, indem er wohlweislich den eigentlich Zuständigen, den Militärgouverneur von Paris, überging, da er den Einfluß des Judentums auf ihn kannte. In aller Stille wurde Dreyfus verhaftet.

Bei der ersten Vernehmung ließ man Dreyfus den Text des Bordereaus schreiben. Als seine Hand zitterte, entschuldigte er sich, daß er kalte Finger habe. Den Vorwurf der Spionage lehnte er ab, ebenso wie den Revolver, den man ihm zur Verfügung stellte. Ins Gefängnis abgeführt, nahm man dem Gefängnis-Kommandanten sein Ehrenwort ab, den Militärgouverneur nicht von der Verhaftung Dreyfus zu unterrichten. Wenige Tage später erhielt das Kriegsministerium schon ein Schreiben von Weil, in dem er auf den besorgniserregenden Zustand des Inhaftierten hinwies. Das Judentum aber war durch Weil alarmiert und setzte alle Kräfte in Bewegung, den Spion frei zu bekommen. Der Großrabbiner von Frankreich, Zadock-Kahn, suchte den Polizeipräfekten auf. Ohne die Sachlage näher zu kennen, stieß er die Drohung aus:

> „Sie wissen, was vorgeht. Man will einen von unseren Leuten vor den Kriegsrat stellen. Wenn Sie einen Einfluß auf die Regierung haben, so ist der Augenblick da, ihn zu zeigen. Käme es zu etwas Derartigem, so würden Sie die Verantwortung tragen für das, was ich Ihnen ankündige:

Das Land wird in zwei Hälften zerrissen werden, alle meine Glaubensgenossen würden sich erheben und der Krieg würde losbrechen zwischen den beiden Lagern. Was die Mittel angeht, um den Krieg zu führen, so können Sie sich auf uns verlassen!" (1)

Auch Dreyfus warnte vor der Alarmierung der jüdischen Macht, wie der die Untersuchung führende Offizier bekundete:

> „Er sagte mir, er sei das Opfer einer Machination. Schon bei seinem Abgang von der Kriegsschule habe man eine Gemeinheit gegen ihn begangen... Ich füge hinzu, daß er sich mir gegenüber emphatischen und deplacierten Kundgebungen hingab. Er schmähte mich, rief den Fluch Gottes auf mich und die Meinen herab, und schrieb, daß seine Rasse an der meinen Rache nehmen werde." (9) Seite 369.

Tatsächlich entstand im Generalstab der Eindruck, als wolle das Kriegsministerium den Fall ersticken. Um das zu vermeiden, gab man einige informatorische Hinweise der „Libre Parole".

Dort wurde die Dreyfus-Affäre sofort aufgegriffen und zugleich darauf hingewiesen, daß Josef Reinach, der Enkel des aus dem Panama-Skandal bekannten Juden Jaques Reinach, noch Material aus der Panama-Affäre besitze, den Schutz des jüdischen Hauptmanns übernehmen werde und den Kriegsminister zum Schweigen bringen würde. Damit war auch die jüdische Seite mobil gemacht. Die Regierung aber war gezwungen, die Untersuchung aufzunehmen.

Dabei blieben die Juden nicht untätig. Sie begannen ihr altes Spiel hinter den Kulissen. Der Ministerpräsident äußerte nach Mitteilung der „Libre Parole":

> „Nie habe ich mich ernstlich mit dem beschäftigt, was man die jüdische Macht zu nennen pflegt. Das schien mir eine reine Erfindung der Antisemiten zu sein. Ich merke jetzt, daß es eine Tatsache ist — eine alarmierende Tatsache — und daß die Regierung die Pflicht hat, dieser Tatsache kühl in die Augen zu schauen. Wenn ich so spreche, denke ich an den ungeheuren Ansturm, den wir seit der Verhaftung des Hauptmanns Dreyfus aushalten müssen. Nie hätte ich gedacht, daß es bei den Juden eine derartige Solidarität, eine derartige Übereinstimmung der Anschauungen geben könnte. .... Ich weiß, daß man es gewagt hat, dem berichterstattenden Offizier eine Million zu bieten, nicht etwa, wenn er auf die Unschuld von Dreyfus schließe, sondern wenn er nur einen Zweifel an seiner Schuld äußere." (2)

Den Chef des Spionagebüros suchten die Brüder Dreyfus auf, um ihn zu bestechen, ohne daß es ihnen gelang. Ein gleicher Vorstoß wurde unternommen beim Präsidenten der Republik, mit dem Erfolg, daß der Präsident versprach, den Minister im Kriegsministerium zu bitten, die Gerichtsverhandlung öffentlich zu führen. Der Kriegsminister wurde von Reinach mit dem geichen Wunsche bestürmt. Damit wäre dem Judentum Gelegenheit gegeben, den Gang der Untersuchung unmittelbar zu beeinflussen, sowohl durch Geld, als auch durch die Presse. Aber schon die außenpolitischen Rückwirkungen verlangten die Verhandlung hinter verschlossenen Türen. Mit allen rabulistischen Mitteln versuchte sich Dreyfus vor dem Kriegsrat zu verteidigen. Die Aussage des Schriftsachverständigen suchte er mit der Forderung zu entkräften:

> „Der Zeuge möge so freundlich sein und schwören, daß er mich das Bordereau hat schreiben sehen!" (9) Seite 370.

Um die Richter unsicher zu machen, fragte er nach den Motiven seiner Tat:

> „Jede Tat, welche auch immer es sei, hat einen Beweggrund. Meine Situation ist eine wohlhabende. Meine Ausgaben stehen unter meinen Einnahmen. Meine Karriere ist glücklich. Meine Vaterlandsliebe ist glühend. Käme das Verbrechen von meiner Seite, es wäre innerlich unerklärlich." (3)

Alles war vergeblich, denn die Richter aus dem Generalstab kannten Dreyfus seit langem und hatten in ihm das Wesen des Juden erkannt, dem ein Vaterland eben fremd und Patriotismus eine Phrase ist. Unbeirrt fällte es seinen Spruch, der Dreyfus wegen Landesverrat zu lebenslänglicher Deportation verurteilte. Daß Dreyfus nicht erschossen wurde, war Crémieux zu verdanken, der 1871 das Gesetz einbrachte, daß politische Verbrecher nicht hingerichtet werden können.

Selbstverständlich legte Dreyfus Revision ein, ohne aber das Urteil zu ändern. Die öffentliche Meinung stimmte diesmal, unbeeinflußt vom Judentum, dem Urteil zu und bei der öffentlichen Degradierung im Hofe der Kriegsschule wurden Rufe laut: „Judas, Judas, Saujude, zum Tod!" Bei seiner Überführung nach La Rochelle, wo ihn das Deportationsschiff erwartete, griff ihn die erregte Menge an und schlug mit Stöcken nach ihm.

Der Kampf um die Revision.

Mit dem Urteilsspruch hatte das Militär seine Stärke gegenüber dem Judentum und der Regierung gezeigt. Die folgenden Jahre waren nun ausgefüllt mit Kämpfen des Judentums, diese letzte Festung der gesunden französischen Tradition zu stürmen. Das hatte sowohl innen- wie außenpolitisch die schwersten Folgen und führte Frankreich nahe an einen Krieg. Auch innenpolitisch zog keine Ruhe ein. Der Fall Dreyfus war der Hebel, mit dem Regierung und Ministerien abwechselnd von den Judengegnern oder dem „Syndikat" — wie die jüdische Macht im Lande unter Führung

Reinachs genannt wurde, gestürzt wurden. Der „König der Franzosen", Reinach, verstand es, sich aller Kräfte, die machtpolitischen Einfluß auf die Verhältnisse des Landes ausüben konnten, zu bedienen, um zunächst eine Revision zu erzwingen.

Während der Verhandlungen war die Tatsache in die Öffentlichkeit gelangt, daß das belastende Beweisstück in der deutschen Botschaft gefunden wurde. Dreyfus hatte heimlich von der Anklageschrift im Gefängnis eine Abschrift machen können, die er Reinach zustellte. Hatte die öffentliche Meinung dem Urteil zugestimmt, so setzte nun eine heftige Pressefehde gegen die deutsche Botschaft ein. Die französische Regierung wurde durch den energischen Protest vonseiten des Kaisers gezwungen, die Verdächtigungen zu dementieren. Der Notenwechsel hatte so scharfe Formen angenommen, daß der französische Generalstab schon Vorbereitungen zur Mobilisierung traf. Ein letztes Dementi in der „Agence Havas", das mit deutscher Zustimmung ausgefertigt worden war, legte den diplomatischen Zwischenfall bei.

Reinach, dem der Pressekrieg sehr zunutze kam, begann nun auf andere Weise Vorbereitungen zum Kampf, um die Revision zu führen. Er vermittelte dem Bruder Dreyfus und seinem Verteidiger den Zugang zu hohen Regierungsvertretern, um sie für die Revision sprechen zu lassen. Als der Ministerpräsident den Empfang ablehnte, drohte Reinach, die Revision zu erzwingen, sei es auch unter „furchtbaren Schwierigkeiten". Von der „Teufelsinsel" aus aber schrieb Dreyfus wehmütige Briefe an seine Frau, die oft einen jüdischen Haßausbruch enthielten.

> „Und müßte Mathieu (sein Bruder) Himmel und Erde in Bewegung setzen, er muß den Schuldigen finden. Wir müssen uns zu einem festen Bündel verknüpfen, das durch nichts zerrissen werden darf. Also forscht weiter, in Paris und drüben. Der Schuldige muß gestraft werden in all den Seinen. Im Namen meiner armen Kinder, ich verfluche ihn!" (4)

Sein Widerstandswille wurde durch den Aufenthalt nicht gebrochen, dafür hatte seine Rasse im Laufe der Jahrhunderte sich zu sehr an Abweisung und Demütigung gewöhnt.

In der Zeit des Jahres 1895 bekam das Nachrichtenbüro einen neuen Leiter, Picquart, einen jungen Elsässer, weichlich und ein Freund der schönen Abenteuer. Picquart brachte als Mitarbeiter den Major Henry mit, der elf Jahre in China und Algerien gekämpft hatte, derb und schlau, aber für die Arbeit in einem Spionagebüro nicht geeignet. Picquart und Henry sollten die Hauptfiguren in einem Zwischenakt des Dreyfus-Dramas werden, als auf dem üblichen Wege — durch die Reinmachefrau der deutschen Botschaft — ihnen eine Rohrpostkarte zugestellt wurde, in der um „eingehendere Erklärung" zu einer „strittigen Frage" ersucht wurde. Die Karte, die in die Geschichte der Dreyfus-Affäre unter dem Namen petit bleu eingegangen ist, war an einen Major Esterhazy gerichtet, einem durch Dirnen und Spekulationen heruntergekommenen Offizier, dessen Geldnot ihn dem Judentum ausgeliefert hatte. Er hatte einem Juden bei einem Duell mit Drumont sekundiert, als kein christlicher Zeuge dazu bereit war. Esterhazy hielt sich von da ab als Opfer der Antisemiten und ließ sich von den Juden aushalten. Trotzdem suchte er die „Libre Parole" auf und ein Teil ihrer Veröffentlichungen über die Juden in der Armee und über Weil entstammten den Einflüsterungen Esterhazys.

Die Abhängigkeit Esterhazys vom Judentum kam dem „Syndikat" gelegen, denn mit dem Schuldbeweis Esterhazys mußte Dreyfus freigesprochen werden. Die Aktion versprach Erfolg, als Maurice Weil alles in Bewegung setzte, um Esterhazy ins Kriegsministerium zu bringen, wahrscheinlich, um ihn für den deutschen Militärattaché als Spion wertvoller zu machen.

Ausschlaggebend wurde aber die Feststellung des Schriftsachverständigen, der die Schrift Esterhazys mit der des Bordereau für identisch erklärte.

Als ihm der wahre Sachverhalt unterbreitet wurde, stand es für ihn fest, daß das Judentum in Esterhazy einen Strohmann aufgestellt habe. „Seit einem Jahr", so stellte er fest, „exerzieren die Juden jemanden ein, um die Schrift des Bordereaus zu erhalten. Es ist ihnen ausgezeichnet gelungen, das ist klar."

Der Leiter des Nachrichtenbüros glaubte aber plötzlich an die Unschuld Dreyfus', und da er fürchtete, seine Vorgesetzten würden seine Feststellungen unterschlagen, gab er den Sachverhalt an die Presse. Damit war für Reinach das Zeichen zum Losschlagen gegeben. Um den Fall Dreyfus mit einem Schlag in den Mund der Öffentlichkeit zu legen, griff er zu dem heute noch beliebten Mittel der Falschmeldung. Er bestach einen englischen Journalisten, der in der „Daily Chronicle" die Meldung der Flucht Dreyfus von der Teufelsinsel brachte. Alle Dementis des Kolonialministers hatten nur zur Folge, daß die Presse sich verstärkt mit der Sensation beschäftigte.

Auch Dreyfus' Bruder „Mathieu" hatte die große Aktion vorbereitet, indem er sich mit rassegenössischen Schriftstellern in Verbindung setzte, die den Fall Dreyfus in jeder Hinsicht bearbeiteten. Führend war Bernhard Lazare, dessen Schrift „Ein Justizirrtum, die Wahrheit über die Affäre Dreyfus" schon seit einem Jahr in Mathieu Dreyfus's Schreibtisch ruhte und nun an die Öffentlichkeit kam und an Parlamentsmitglieder kostenlos versandt wurde. Die großen Zeitungen „Figaro" und „Jour" wurden ebenfalls bestochen und so setzte in breitester Form ein Feldzug der öffentlichen Meinung für Dreyfus ein.

Im „Eclair" erschien ein Aufsatz, der davon zeugte, daß das geheim gehaltene Bordereau dem Syndikat bekannt war, was dann durch die

Veröffentlichung von Faksimilés bestätigt wurde. Solche Indiskretion konnte aber nur von Picquart, dem Leiter des Nachrichtenbüros, begangen worden sein und der mißtrauisch gewordene Generalstab beauftragte ihn mit einer Mission. Das Syndikat besaß nun alle ehemaligen Beweisstücke gegen Dreyfus und erhob die Forderung auf Revision, da die Verurteilung zum wenigsten ungesetzlich gewesen sei. In diesem Sinne reichte Frau Dreyfus an die Kammer eine Petition. Damit war die Dreyfus-Affäre über die Presse hinaus in das Parlament gelangt. Aber der Abgeordnete Castelin, der die entscheidende Interpellation bringen sollte, versagte. Man ging über den Einspruch der Frau Dreyfus zur Tagesordnung über.

Darauf versuchte ein gewisser Lesare die Regierung durch einen Offenen Brief zu einer Klage gegen ihn zu verleiten, um so die Revision zu erzwingen. Aber auch der Angriff blieb wirkungslos. Ein neuer Anschlag wurde geplant. Der aus der Panama-Affäre bekannte Arton wurde plötzlich verhaftet. Seine Enthüllungen sollten die Regierung einschüchtern und zur Revision bewegen. Als auch dieses Unternehmen scheiterte, ging Mathieu Dreyfus zum Angriff über. Das faksimilierte Bordereau wurde zu Tausenden im Straßenhandel vertrieben und mit Schriftzügen Esterhazys verglichen. Kleine Zeitungen, wie „L'Aurore" von Clémenceau, wurden bestochen.

Um den Angriff des Syndikats zu parieren, pensionierte das Kriegsministerium Esterhazy. Das Nachrichtenbüro nahm gleichzeitig mit ihm im geheimen Fühlung, um ihn gegen die Angriffe des Syndikats zu schützen. In diesem Augenblick holte das Syndikat zum entscheidenden Schlag aus. Am 15. November 1897 erhob Mathieu Dreyfus beim Kriegsministerium die Anklage gegen Esterhazy, als dem Verfasser des Bordereaus und verlangte Revision des Urteils. Der Brief wurde gleichzeitig der Presse übergeben. Auf Drängen des Syndikats wurde auch Picquart zurückgerufen, der als Kronzeuge vorgesehen war. Das Kriegsministerium beschloß die Untersuchung gegen Esterhazy.

So sehr sich das Syndikat auch um Einfluß im Volke bemühte, es blieb doch erfolglos. Alle Schichten teilten die Judengegnerschaft. Der Adel zog sich zurück, wie der deutsche Geschäftsträger berichtet:

> „Die wenigsten der großen jüdischen Häuser haben klugerweise in diesem Jahre überhaupt empfangen, und wenn sie es versucht haben, wie die Stern und die Porgès, so haben sie einen für ihre Eitelkeit empfindlichen Mißerfolg davongetragen. Selbst als die Herzogin von Gramont und die Prinzessin von Wagram, geborene Rothschild, Ballfeste gaben, hat ein Teil des sogenannten Faubourg Saint-Germain dagegen intriguiert und sich fern gehalten. Es ist das um so lächerlicher, als eine erhebliche Anzahl der zur großen französischen Aristokratie gehörenden Familien mit Juden verwandt oder doch verschwägert sind." (5)

Die Sozialisten hatten Rücksicht auf ihre Anhänger zu nehmen, die im Juden den Kapitalismus bekämpften. Die Abgeordneten aber wurden durch ihre Wählerschaft zur Judengegnerschaft gezwungen. So stellte das Syndikat nur eine kleine, wenngleich einflußreiche Gruppe von Anhängern. Das Land selbst war ihnen aber nicht freundlich gesonnen. Aus dieser Haltung ist der ungeheure Beifall für den Abgeordneten de Mun zu verstehen, als er die Armee gegen das Judentum verteidigend ausrief:

> „Ja, wir müssen wissen, ob es wahr ist, daß es in diesem Lande eine geheimnisvolle, verborgene Macht gibt, die mächtig genug ist, um nach Gutdünken auf die Chefs unserer Armee den Verdacht zu schleudern, auf sie, die am großen Tage, am Tage der großen Pflichten, diese Armee an den Feind zu führen und den Krieg zu leiten haben!" (9) Seite 420.

In der Untersuchung gegen Esterhazy aber stellte der Kriegsrat seine Unschuld fest. Der Versuch, mit der Klage den Dreyfus-Prozeß zu revidieren, war, wie alle bisherigen, nochmals gescheitert. Am 11. Januar 1896 wurde der Freispruch verkündet. Zwei Tage später geben Maueranschläge bekannt, daß Emile Zola in Clémenceau's Zeitung „L'Aurore" einen offenen Brief an den Präsidenten der Republik veröffentlicht habe, der die Unschuld Dreyfus' hervorhob.

Das jüdische Syndikat hatte erkannt, daß der Widerstand im Volke blieb, solange Juden offen an der Spitze der Angriffe standen. Deshalb bedienten sie sich in Zola eines Mannes, den sie mit der Phrase von Menschlichkeit für ihre Interessen einspannen konnten, wobei sie geschickt die Abneigung des Intellektualismus gegen den Militarismus auszunutzen verstanden.

Damit gelangte der Kampf des Syndikats in eine neue, grundlegend andere Phase. Mit Zola erklärten sich die Intellektuellen des Liberalismus und Individualismus einig, die sich gegen die Gewalt glaubten verteidigen zu müssen. In ihren Augen stand „das Recht des Gerechten, des Unschuldigen, eines Einzelmenschen, höher, als die Interessen einer Kaste oder des Staates. In diesem Geist wurde von Reinach mit einigen anderen am 27. Februar 1898 die „Liga für Menschenrechte" gegründet.

In dem unter der Überschrift „Ich klage an" gerichteten Brief an Frankreich versuchte Zola, den an Dreyfus begangenen Justizirrtum aus der Psychologie des Militarismus, Klerikalismus und der Judenfeindschaft zu erklären. Er griff das Soldatentum als „die Geister von sozialer Schädlichkeit" an und formte die Anklage gegen das Militärgericht in der Frage: „Genügt nicht der oberste Gedanke der Disziplin, wie sie diesen Soldaten im Blute liegt, um ihr Vermögen für Rechtlichkeit zu beeinträchtigen?"

In dem nun anhebenden Prozeß gegen Zola stellte es sich heraus, wie zweckmäßig die Wahl der Intellektuellen für die Dreyfus-Affäre war. Indem nun die Weltpresse für Zola Stellung nahm, tarnte sich das jüdische Bündnis, für das der Grundsatz geprägt worden war, „Ganz Israel bürgt füreinander", unter der Forderung der Menschenrechte. Besonders die jüdisch-deutsche Presse fing den zugeworfenen Ball auf. In Paris saßen als Vertreter: Goldmann für die „Frankfurter Zeitung", Th. Wolff für das „Berliner Tageblatt" und Max Nordau für die „Vossische Zeitung". Selbstverständlich fehlte auch nicht die Anteilnahme Harden-Witkowskis mit seiner „Zukunft".

Auf diese Weise wurde der Prozeß gegen Zola vor ein internationales Forum gezerrt, ohne daß es dem Judentum aber gelang, die Richter zu beeinflussen. Denn die Stimmung war noch nach wie vor judenfeindlich. Auf dem Wege zum Schöffengericht erwartete Zola eine unabsehbare Menschenmenge, die ihn mit dem Ruf: „Tod! Tod! Nieder mit den Juden!" empfing. In der Gerichtsverhandlung behaupteten sich noch einmal die Vertreter der Armee. Zola wurde zu einem Jahr Gefängnis und einer Geldstrafe von 3000 Francs verurteilt. Der Freudenausbruch der das Gericht umlagernden Massen war unbeschreiblich. Nur mit Mühe konnte sich Zola vor einer Lynchung retten. Durch die Straßen hallte der Ruf: „Es lebe die Armee! In die Seine mit den Juden!"

In den beginnenden Wahlen wagte kein Kandidat, für Dreyfus Partei zu nehmen, außer einem einzigen, Reinach. Aber in keiner Wahlversammlung ließ ihn die Bevölkerung zu Worte kommen und nur die Polizei bewahrte ihn vor schlimmeren Folgen. Er erhielt in dem Wahlgang keine 1000 Stimmen. Dieses Ergebnis war der Rückschlag des Unternehmens, mit Zola's Prozeß die DreyfusAffäre wieder aufzurollen. Das Land wollte von einer Revision nichts wissen.

Reinach aber hatte im „Siècle" die neue Parole für den Kampf des Syndikats gegeben: „Die Mauern von Jerichow sind erst auf das siebente Mal gefallen. Noch einmal." So erfolgte denn auch eine neue Interpellation in der Kammer durch den alten Castelin, denn Reinach hatte bei den Wahlen keinen Sitz mehr erhalten.

Der Kriegsminister wollte nun endlich Ruhe und Ordnung schaffen. „An mir wird sich das Syndikat brechen wie an einer Mauer", erklärte er im Parlament und gab die Dokumente bekannt, die den Schuldbeweis Dreyfus 1891 erbrachten. Die nachfolgende Prüfung ergab aber im Kriegsministerium, daß eines davon eine Fälschung des Obersten Henry war, der sie angefertigt hatte, um das gefaßte Urteil seiner Vorgesetzten über Dreyfus noch zu festigen. Als eine Untersuchung gegen ihn eingeleitet wurde, nahm er sich das Leben. Reinach brachte Henry gleich mit dem im Auslande lebenden Esterhazy in Verbindung, indem er behauptete, Henry sei ein Komplize Esterhazys, der den Verdacht beim Auftauchen des Bordereaus, von dem er wußte, daß es von Esterhazy stammte, auf Dreyfus abgeschoben habe. Diese These war unhaltbar bei der ehrlichen, aller Intrigue fernstehenden Erscheinung Henrys. Reinach verfolgte mit ihr nur den Zweck, das Vertrauen des Volkes zur Armee zu zerstören. Und zweifellos ist dieser Glaube seit dem Selbstmord Henrys wankend geworden.

Die Stellung des Kriegsministers wurde damit auch unhaltbar. Er trat zurück, mit der Versicherung, daß der Tod Henrys in keiner Weise eine Revision erfordere, er glaube nach wie vor an die Schuld Dreyfus'. Sein Nachfolger mußte nach Prüfung der Unterlagen gleichfalls gestehen, daß eine Revision nicht notwendig sei. Er trat gleichfalls zurück. Eine Revisions-Kommission kam zum gleichen Ergebnis. Die Entscheidung lag nun beim Ministerpräsidenten Brisson. Dieser stand seit langem unter Reinachs Einfluß und verkehrte mit ihm durch Mittelsmänner, wie Reinach selbst zugab. Da die Kammer gerade in Ferien war, brachte Brisson im Ministerrat mit zwei Stimmen Mehrheit die Revision durch. – An der Börse stieg die Rente, was wohl am besten den Sieg des Judentums demonstrierte.

Dennoch sollte jetzt erst der Kampf beginnen. Als die Kammer wieder zusammentrat, empfing sie Brisson mit dem Ruf: „Rücktritt! Es lebe die Armee!" Brisson stürzte und ein neues Kabinett kam an die Reihe. Immerhin war es dem Syndikat gelungen, den Fall vor den Kassationshof zu bringen. Für den dortigen Fortgang sorgte der Präsident, ein Jude, Loew, der sich schon früher als Kämpfer gegen den Antisemitismus bewährt hatte, als er eine judengegnerische Bank zu Grunde richtete. Zwar gelang es den Nationalisten, den Fall dem Präsidenten Loew zu entziehen, als ein neues Ereignis alle Gemüter in Wallung brachte.

Am 10. Februar 1899 starb plötzlich der Präsident der Republik. Am Nachmittag hatte ihn noch ein Vertreter des Syndikats erfolglos aufgesucht. Einige Stunden später flüchtete schreiend seine Maitresse aus dem Zimmer, in dem man den Präsidenten sterbend vorfand.

Der geheimnisvolle Tod entsprach den Interessen des Syndikats, da sich nun die Gelegenheit bot, den Präsidentenstuhl mit einem Helfer zu besetzen, was Reinach auch fertigbrachte, indem er Loubet vorschlug. Loubet hatte sich schon bei der Unterdrückung des Panama-Skandals bewährt, wie auch durch die geheimen Verhandlungen des Betrügers Arton. Kein Wunder, daß ein Abgeordneter ihm bei der Wahl in Versailles zurief: „Sie sind der Präsident der Synagoge." Auf seinem Wege von Versailles begrüßte ihn der Ruf der an den Straßen versammelten Menge: „Pa – na – ma!" Und eine Frau leerte eine Schürze mit Straßenkot auf den Schoß des neuen Präsidenten der Republik.

Déroulède, der sich schon öfters im Parlament durch seine Judengegnerschaft hervorgetan hatte, versuchte mit den vom Begräbnis des toten Präsidenten zurückkehrenden Truppen einen Staatsstreich, der aber an der Disziplin der Offiziere scheiterte.

Die Wahl des judenfreundlichen Präsidenten brachte Frankreich an den Rand der Anarchie, weil der neue Präsident die Interessen eines angeblich unschuldig verurteilten Juden eventuell wahrnehmen konnte. Die Ereignisse um die Präsidentenwahl zeigten deutlich, wie die jüdische Macht die Sicherheit und Ruhe des Staates bis in die Wurzeln erschütterte.

Inzwischen nahm die Revisionsuntersuchung in der Chambre Réunie ihren Fortgang. Reinach und Mathieu Dreyfus beschafften sich laufend die Akten der Untersuchung, die Lazare durch arme Juden Tag und Nacht abschreiben ließ, um sie dann im „Figaro" zu veröffentlichen. Auf diese Weise sollte das Gericht unter den Druck der öffentlichen Meinung gestellt werden. Der Erfolg war, daß der Kassationshof die Revision des Dreyfus-Prozesses entschied. Damit waren die Dreyfusards wieder einen Schritt weiter. Nachdem sie den antirevisionistischen Kriegsminister gestürzt hatten, galt es nun noch, den im Wege stehenden Ministerpräsidenten zu entfernen. Dafür bot sich eine gute Gelegenheit, als dem Präsidenten der Republik im Beisein der Diplomaten beim Rennen von einem wütenden Judengegner ein Stockschlag versetzt worden war. Der Täter, ein Baron Christianie, rief die Sozialisten aufs Feld, die schon lange ins Lager Reinachs eingeschwenkt waren. Gegen die Aristokratie und Pfaffen und für Loubet ließ sie Reinach marschieren. Das Kabinett stürzte mit seinem Ministerpräsidenten. Das neue Kabinett wurde von Waldeck-Rousseau, einem engen Freund Reinachs, gebildet, der schon lange im Dienst des Syndikats stand. Sein Kriegsminister wurde Gallifet, dessen „freundschaftlichsten und intimsten Beziehungen" Reinach sich selbst gerühmt hatte.

Das Erscheinen der neuen Regierung rief einen wütenden Sturm der Entrüstung bei den Abgeordneten hervor. Einer von ihnen sprach aus, was alle wußten und empfanden. Er bezeichnete den Kriegsminister als „Freund, den Gönner oder den Klienten des Mannes, der der verderblichste für unser Land war: Josef Reinach."

> „Ich sage, mein Inneres hebt sich vor Ekel, wenn ich sehe, wie aus dem Schweigen und aus der Vergessenheit, wohin sie für immer gebannt schienen, all die Banditen und all die Verkauften wieder hervorsteigen, all die, die ihr Gewissen und ihren Einfluß feilboten, alle die Priester des goldenen Kalbes, all die wüsten Chorknaben aus den Saturnalien der Finanz ... Ja, alle, die auf Gedeih und Verderb an den Baron Reinach gekettet waren, verbunden mit Arton, mit Jacques Mayer, mit Cornelius Herz, mit all diesen

Beutejuden, die sich auf das Land stürzten, Gewissen kauften, Voten erhandelten, mit politischen Einflüssen schacherten ..." (6)

Die Regierung wäre zweifellos durchgefallen, wenn nicht der gestürzte Kriegsminister Brisson, Großmeister der Freimaurer, vor die Versammlung getreten wäre. Reinach beschreibt den Auftritt, der ein treffendes Licht auf die Versammlung warf:

„Brisson streckte und hob die Arme in dem Zeichen, in dem die Eingeweihten das Notzeichen der Freimaurerei erkannten. Das war sehr überflüssig: seine Not, seine Angst für die Republik, schrien laut genug aus dem Schluchzen seiner Stimme, aus seinem gramzerfurchten Gesicht." (7)

Die Kammer vertagte sich auf drei Monate und gab dem Kabinett in der Zeit diktatorische Gewalt. Sie sollte für den Freispruch Dreyfus ausgenutzt werden.

Der neue Prozeß wurde aus dem gefährlichen Paris nach einem Städtchen Rennes in der Bretagne verlegt. Déroulède umriß mit wenigen Worten, um was es ging. „Ist Dreyfus unschuldig, so sind die Generäle Verbrecher. Die Männer unseres Volkes würden das Volk Israel um Verzeihung anflehen müssen. Es gibt heute nur zwei Angeklagte, und der eine ist Frankreich, seine Generäle, seine Staatsmänner, sein ganzer sozialer Aufbau, das ganze Volk."

In aller Stille war Dreyfus nach Rennes geholt worden. Das demütige, kriecherische Benehmen des Mannes, der Frankreich seit Jahren in Bewegung versetzte, enttäuschte das Volk auf den Zuschauerbänken.

Im Verlauf der Verhandlung ereignete sich eine Sensation, die zeigte, daß das Syndikat kein Mittel zur Wahrung seiner Interessen scheute. Einer der beiden Verteidiger Dreyfus's brachte den Prozeß durch seine Angriffe auf das Militär in Gefahr, denn von Reinach war die Parole ausgegeben worden, das Militär nicht zu reizen. Dieser Verteidiger wurde überfallen und schwer verletzt. Der Täter blieb unerkannt. Das Verhalten des Syndikats war abweisend. Es wollte ihm sogar die Verteidigung entziehen, was Reinach aber mit einem öffentlichen Skandal zu parieren versprach. Trotzdem plädierte er als zweiter Verteidiger am Ende des Prozesses, und zwar auf Zweifel, um damit das Militär nicht zu treffen. Die gesamte Weltpresse wurde unterrichtet, daß Freispruch zu erwarten sei. Die Meldung der Zeitungen hatte eine überraschende Wirkung auf die internationale Börse. In Wien und Berlin war eine Kurssteigerung zu verzeichnen und auch an den anderen Börsen entwickelten sich lebhafte Geschäfte. So sehr sahen die nüchternen Börsianer die Geldwerte Frankreichs mit dem Geschick eines Juden Dreyfus verquickt, daß sie bei einem Freispruch auf eine endliche Beruhigung der innenpolitischen Verhältnisse des Landes rechneten.

So sehr war Frankreich in den Augen der Welt durch die Dreyfus-Affäre in seinem politischen Ansehen und Festigkeit geschädigt worden.

Es kam aber anders. Am Nachmittag verkündete der Kriegsrat mit fünf gegen zwei Stimmen die Verurteilung Dreyfus unter Anerkennung mildernder Umstände zu zehn Jahren Gefängnis.

Zunächst wollte der Ministerpräsident das Urteil an den Kassationshof zurückweisen. Der Kriegsminister warnte ihn jedoch und entwarf ein gutes Bild der Stimmung des Landes:

> „Es wird der Kampf gegen die ganze Armee sein, die in innerer Abwehr eins sein wird. Vergessen Sie nicht, daß überall im Auslande die Verurteilung mit äußerster Schärfe besprochen werden wird, daß unter den Revisionisten in Frankreich viele, des Kampfes müde, in das Lager der Kriegsräte einschwenken werden. Vergessen wir nicht, daß die große Mehrheit in Frankreich antisemitisch ist. Wir werden also in folgender Stellung sein: auf der einen Seite die ganze Armee, die Mehrheit der Franzosen (ich spreche nicht von den Abgeordneten und Senatoren) und alle Agitatoren — auf der anderen Seite das Ministerium, die Dreyfusards und das Ausland ..." (7)

Auch Reinach trug der Lage Rechnung und schlug dem Ministerpräsidenten vor, Dreyfus sofort zu begnadigen. Zugleich wurde von Mathieu Dreyfus, Reinach, Clémenceau und dem Sozialistenführer Jaurès eine Erklärung aufgesetzt, die Dreyfus nach seiner Begnadigung an die Presse geben sollte:

> „Die Regierung der Republik gibt mir die Freiheit zurück. Die bedeutet für mich nichts, ohne meine Ehre. Ich werde für die Wiedergutmachung des schrecklichen Justizirrtums kämpfen." (8)

Damit kam zum Ausdruck, daß das Syndikat gar nicht daran dachte, nachzugeben. Dagegen hatte der Kriegsminister an alle Generäle den Befehl gegeben, daß der Dreyfus-Fall mit der Begnadigung durch den Präsidenten der Republik abgeschlossen und als erledigt anzusehen sei.

Zunächst bestimmte das Syndikat die Regierung, eine Verfolgung der Judengegner zu veranstalten. Das Militär anzugreifen, wagte es noch nicht. Dafür wurde der tapfere Déroulède auf 10 Jahre verbannt. Als gegen einen anderen judengegnerischen Helden der Haftbefehl erlassen wurde, griff dieser zum offenen Widerstand. Nach blutigen Straßenschlachten verbarrikadierte sich Guérin in seinem Hause. Mehrere Wochen hielt sich das „Fort Otatrol" von Polizei bewacht und einer großen Menschenmenge belagert. Die Eingeschlossenen, die von Polizei und Bevölkerung versorgt wurden, ergaben sich schließlich.

Als dann die Zeit reif war, begann Reinach auch den Kampf gegen den Generalstab. Nachdem er die Rivalin des Nachrichtenbüros, die Sureté, auf seine Seite gezogen hatte, begann er von neuem auf eine Revision hinzuarbeiten. 1900 glaubte er die Beweise zu besitzen, daß ein Zeuge des Kriegsrats im Prozeß zu Rennes von diesem bestochen worden sei. Auf einem Bankett der „Liga für Menschenrechte" erklärte er:

> „Wir sind in diesem Augenblick genau im Zwischenakt der Affäre Dreyfus, der in den guten Melodramen den vierten und fünften Akt trennt, wo die Unschuld erkannt und das Verbrechen bestraft wird. ... Wir haben von selbst einen Waffenstillstand angeboten für die Dauer des großen Festes der Arbeit und des Friedens, der Welt-Ausstellung.... Aber die Schuld (gegen Dreyfus) ist eine Ehrenschuld, und ich schwöre, daß wir sie erfüllen werden." (8)

Auch Mathieu Dreyfus blieb nicht untätig. Er versuchte, durch einen Mittelsmann dem ehemaligen deutschen Militärattaché ein Geständnis abzupressen, aus dem die Umschuld Dreyfus hervorging, indem er mit Veröffentlichungen aus dem privaten Leben des Attaché in Paris drohte, aber ohne Erfolg. Ebenso wurde der Sozialistenführer mit Interpellationen in der Kammer ins Feld geführt, der gegen den Militarismus zu kämpfen hatte. Als alles gut vorbereitet war, stellte Dreyfus selbst den Antrag auf neuere Untersuchung. Das Revisionsverfahren kam wieder an den Kassationshof, wo die Unterwelt der Spionage-Agenten gegen die Offiziere auftraten, und dem Abschaum wurde unbedenklich Glauben geschenkt. Ein letztes Mal kam es zu einem Aufflackern der nationalen Kräfte. In der Kammer ohrfeigte ein Nationalist den unter jüdischem Einfluß stehenden Kriegsminister. Dieser Abgeordnete starb auch eines unaufgeklärten Todes. Die Ohrfeige war bedeutsam für die Lage der Judengegner. Sie besagte, daß sie keinen anderen Ausweg mehr sahen. Die Kassation Dreyfus kam vor ein ziviles Gericht, vor dem der Verteidiger Dreyfus' feststellte:

> „Der Antisemitismus ist kein französisches Erzeugnis. Der ist ein Gift, das aus den Gegenden des Ostens eingeführt ist.... Das Gericht weiß, daß in gewissen Ländern und besonders in Deutschland, die Israeliten keinen Eingang zu den hohen Graden der Armee haben. Das Ideal des hohen Militärpersonals in Frankreich war lange Zeit (und ist vielleicht auch heute noch dasselbe), in unserer Armee ähnliche Zustände wie im deutschen Heer durchzuführen."

Judengegner waren wirklich nicht mehr in Frankreich vorhanden, was der Ausgang der Wahlen im Mai 1906 am deutlichsten zeigte. Reinach zog nämlich als Abgeordneter ins Parlament. Ebenso wie sein Einzug nach dem Panama-Skandal den Sieg der Juden verkündete, so auch im Jahre 1906. Das Urteil von Rennes wurde für ungültig erklärt. In Kammer und Senat aber wurden die Anträge gestellt, Dreyfus und Picquart wieder ins Heer aufzunehmen. Das lag im Zuge der jüdischen Ausnutzung des Sieges. Waren doch auch in der Regierung zwei Juden Kabinettschefs geworden, im Marine- und Kriegsministerium, gleichsam als äußere Demonstration des Sieges. Als Clémenceau das Ministerpräsidium übernahm, berief er den aus dem Offizierskorps ausgestoßenen Picquart als Kriegsminister. Dreyfus aber wurde zum Major befördert und erhielt einige Monate später seine Ernennung zum Offizier der Ehrenlegion.

Zwölf Jahre hatte das Judentum gebraucht, um die in militärischen Traditionen begründete Judengegnerschaft trotz der Hilfestellung des Volkes zu brechen. Das Händlertum hatte den Sieg über das Soldatentum davongetragen und damit seine Macht zu einer unerschütterlichen Vormachtsstellung in Frankreich ausgebaut.

VII. Mandelsohn-Rothschild, die Brücke vom Vorkriegsjudentum zur Gegenwart.

„Die drei Waffen des Herrn Mandel.

Herr Georges Mandel hat seine eigenen Waffen und die erste ist die Lüge. Herr Mandel ist nicht ein Lügner, es ist der Lügner. Die Lüge des Herrn Mandel ist spontan, instinktiv, natürlich, organisch. Sie ist gleichzeitig ein Verteidigungs- und ein Angriffs-Reflex. Sie ist derartig ein Mitbestandteil des Menschen, daß sie dadurch äußerst gefährlich wird, weil sie sich in ihren Kennzeichen nicht mehr von den Kennzeichen der Wahrheit unterscheidet: alles ist erheuchelt, alles ist falsch, alles ist nur noch Trugbild und Verschlagenheit, sobald Herr Georges Mandel erscheint.

Die zweite Waffe des Herrn Georges Mandel, die im Dienste der ersten steht, ist eine absolute Selbstbeherrschung. Dieser Mann, der wie ein Reptil wird, hat wirklich kaltes Blut.

Die dritte Waffe des Herrn Georges Mandel ist eine bewußte Unmoral. Herr Georges Mandel weiß nicht mehr, was Bedenken und Schamgefühl sind, ebensowenig wie er Gewissensbisse kennt." (1)

Als Jérobeam Rothschild wurde der heutige Kolonialminister 1885 in Paris geboren. Sein Vater, der ein Herrenkonfektionsgeschäft betrieb, stand mit den führenden jüdischen Kreisen des Landes in Verbindung, die den Weg des Sohnes bestimmen sollten. Durch sie wurden Reinach und Clémenceau auf den jungen Jérobeam aufmerksam. Mit 18 Jahren zog er in das Sprachrohr der Dreyfusards, der „L'Aurore", ein und erlebte dort den endgültigen Sieg des Judentums über die letzte judengegnerische Stellung: die Armee. Der Geist dieser Zeit hat den jungen Rothschild, der in der „L'Aurore" unter dem Namen seiner Mutter Mandelsohn schrieb, für seine zukünftige Entwicklung beeinflußt und ist von ihm in die Gegenwart hinübergerettet worden. Die wenigen Artikel, die der untalentierte Mandelsohn in der „L'Aurore" veröffentlichte, bekämpften die Kirche als einen Schutzwall des Konservativismus. 15 Jahre später war das aber vergessen, als er mit Hilfe des Katholizismus zum Abgeordneten der Gironde gewählt wurde. In der „L'Aurore" aber machte er sich dem aufsteigenden Clémenceau durch einen wohlorganisierten privaten Nachrichtendienst unentbehrlich. Mit großer Findigkeit schnüffelte er im Privatleben bekannter Männer nach Klatschgeschichten, die bei passender Gelegenheit veröffentlicht wurden. In dieser

Zeit vollzog sich auch der letzte Namenswandel Jérobeam Rothschilds – alias Mandelsohn –, der sich nun einfach Georges Mandel nannte, mit Betonung der letzten Silbe, was den Namen französisch klingen lassen sollte.

Mit Clémenceau machte auch Mandel Karriere. Als der „Tiger" 1906 Ministerpräsident wurde und zugleich das Innenministerium übernahm, begann Mandel auch auf einer höheren Ebene zu arbeiten. Er wurde als Attaché dem ins Innenministerium berufenen Unterstaatssekretär Sarraut beigegeben. Von dieser Zeit datiert Mandels enge Verbindung mit der radikal-sozialistischen Partei. Er entwickelte sich zu einem Meister der Intrige, der in Kammer und Ministerien Gerüchte und Verleumdungen ausstreute, was ihm allerdings einmal einige Ohrfeigen in Gegenwart mehrerer Journalisten einbrachte.

Clémenceau konnte 1911 den Ministerpräsidenten Cailleaux stürzen, der mit dem Deutschen Reich wegen der gefährlichen Marokko-Frage verhandelt hatte, dank der Kundschafterdienste Mandels. Um dem Betätigungsfeld Mandels eine Grenze zu setzen, verbot ihm der Kammerpräsident den Zutritt zum Palais Bourbon. Für eine Zeit mußte Mandel im Hintergrund bleiben, bis die durch ihn hervorgerufene Unruhe vorüber war. Diese Zwischenzeit nutzte er für allerlei Geschäfte aus, die dem neuen Organ Clémenceaus, L'homme libre, zugute kamen.

Im Mai 1914 bemühte sich Mandel um einen Abgeordnetensitz. Sein alter Helfer Reinach, der selbst in einem benachbarten Departement kandidierte, führte ihn in den Wahlkreis Bas-Alpes ein, zugleich mit einem anderen Juden, der heute ein Viertel der Aktien der Havas-Agentur besitzt, Jacques Stern. Aber Mandel erhielt eine Schlappe, die seine Stammesgenossen auf seinen Geiz zurückführten. Die Niederlage verschmerzte Mandel schnell, denn inzwischen brach der Krieg aus. Der gute Patron Reinach sorgte dafür, daß sein Schützling als untauglich erklärt wurde. Zwei Jahre blieb es still um Mandel. Im Herbst 1917 wurde Clémenceau zum zweiten Male Ministerpräsident. Mit ihm war auch Mandel wieder auf dem Plan. Er wurde sein Attaché, um bald zum Kabinettsstabschef emporzusteigen.

Durch seine Hand liefen alle geheimen und wichtigen Fäden der französischen Regierung, wie auch zum Militär eine Verbindung durch den Rassegenossen Ignace, Unterstaatssekretär für Militärgerichtsbarkeit, aufrecht erhalten wurde. Nicht nur die Ernennungen von Präfekten in den einzelnen Departements lagen nun in Mandels Hand, sondern auch die geheimen Verhandlungen der hohen Diplomatie, die Clémenceau führte. Da waren die geheimen Besprechungen mit Sixtus und Xaver von Bourbon wegen eines Sonderfriedens mit Österreich-Ungarn, die ebenso geheimen Besprechungen mit Masaryk, Benesch und Titulescu, von denen Mandel Kenntnis erhielt und die er alle durch seinen Privatnachrichtendienst beeinflußte. Eine französische Zeitung berichtet von einem „Haufen Briefe", die an Clémenceau gelangten, „mehr oder weniger anonym, das Werk des Spezialisten für kleine Papiere, des zukünftigen Hauptbriefträgers (Postministers) Frankreichs, des Georges Mandel, der sich lebhaft für die Angelegenheiten in Mitteleuropa interessierte".

An dem Triumph, den Frankreich in Versailles feierte, hatte auch Mandel seinen Teil beigetragen. Der Geist des Diktates, den Clémenceau verkörperte, fand seinen Verkünder in Mandel. An die im Frühjahr 1919 ganz Frankreich erschütternden Unruhen, durch Falschnachrichten von einem angeblichen Staatsstreich nach russischem Format hervorgerufen, ist Mandel nicht gänzlich unbeteiligt gewesen. Der Tod von 47 Polizisten und 19 Inspektoren waren das Ergebnis des Aufruhrs. Mandel aber bereitete sich inzwischen für seine neue Kandidatur vor. Seine Schlappe in der Provence hatte er nicht vergessen und suchte sich daher die Gironde aus, wohlwissend, daß ihm dort der Erfolg bei den Weinbauern sicher war, die unter starkem Einfluß der Kirche stehen. Denn die Kirche hat Mandel sich zur Patronin erwählt und ist ein vielgesehener Gast des Erzbischofs Andieu von Bordeaux. Sein jugendlicher Kampf gegen die Kirche ist längst vergessen. Dennoch hat sich in grotesker Weise sein 1904 in der „L'Aurore" veröffentlichtes Programm verwirklicht, das lautete:

> „Gegen die Kirche im Namen ihres angeblichen Gottes, eines Gottes des Mitleides und der Liebe, werden die Revolutionäre mit Unterstützung der Geistlichkeit alle Überbleibsel der Barbarei, der primitiven Intoleranz verschwinden lassen." (2)

Im Wahlkampf behauptete Mandel, um seine früheren radikalistischen Umtriebe vergessen zu machen, daß der Name seines Großvaters unter den Vorkämpfern der Freiheit auf der Säule der Juli-Revolution stünde. Diese kleine Unwahrheit korrigierte sein Freund und Hebräer Moise Hirschowitz, Stadtrat von Gervais, bei einer Renovierung der Säule.

So wird Mandel Abgeordneter der Kammer, wo er nun im eigensten Interesse seine alte Taktik der Veröffentlichung von intimen Geschichten anwendet, um unangenehme Widersacher zu Fall zu bringen. Franzosen haben ihn mit Fouchet und Taillerand verglichen, Begründer und Meister dieser Methode. Mandels Abgeordneten-Periode „ist die Zeit seiner großen Lügen", schrieb eine französische Zeitung.

> „So behauptet er, er wäre der Großsohn eines der Mitkämpfer der drei Glorreichen, deren Namen im Innern der Säule des Juli geschrieben stehen. Das ist glatt nicht wahr. Am 8. November 1920 behauptet er, daß 30 der Seinigen auf den Schlachtfeldern gefallen sind. Ebenso gelogen. Ferner behauptet er, sein Vater wäre einer der ersten Gründer des Comité Jules Favre und wäre in der Schlacht von Buzenval verwundet worden, ebenso eine Lüge wie die

Behauptung, daß seine Großmutter, Elsässerin von Geburt, die Verwundeten derselben Schlacht gepflegt haben soll. Ebenso ist er nie in der Ecole Normale Supérieure gewesen, wenngleich er behauptete, er habe an einer zusätzlichen Beförderung teilgenommen. Es stellt sich dann heraus, daß zu der angegebenen Zeit eine solche nicht stattgefunden hat." (3)

Trotz der Anstrengungen der Geistlichkeit, trotz der Tarnung als „Unabhängiger" wurde Mandel 1924, als eine neue Wahl stattfand, nicht wiedergewählt.

Damit verschwand Mandel für vier Jahre von der Bühne der Politik. Es sind Jahre der Vorbereitung gewesen, die ihm 1928 von neuem einen Abgeordnetensitz in der Kammer einbringen. Nun hält sich Mandel bescheiden und unauffällig im Hintergrund, abwartend bis seine große Stunde kommt. Das war im Jahre 1934. Mit Saraut und Léon Blum zieht er als Postminister in die Regierung ein. Seine bisher privat angestellten Spitzelarbeiten werden nun im Großformat ausgebaut. Als „Beherrscher der Drähte" richtet er sich einen Überwachungsdienst größten Stils ein. Alle Telefongespräche zwischen Persönlichkeiten, Ministern und Parlamentariern werden abgehört und der Telegramm- und Briefverkehr kontrolliert. Auf diese Weise erhält er ein unschätzbares Wissen um alle Fragen und Begebenheiten, das er, wenn es sein Interesse erfordert, ausschlaggebend in die Wagschale werfen kann.

Ihm unterstehen aber auch die Rundfunkstationen, die er mit seinen Rassegenossen besetzt, für die Propaganda seiner Pläne benutzt. Durch sein Organ „L'ami du Peuple" läßt er die Interessen der Emigranten wahrnehmen, bringt sie in guten und wichtigen Stellen unter, um die Durchführung seiner Interessen gewährleistet zu wissen. Durch seine Stellung gelingt es ihm, Sonderbestimmungen für die Eingewanderten bei der Regierung durchzudrücken und um ihnen auch eine finanzielle Unterstützung zu gewähren, gibt er eine eigene Wohlfahrtsmarke für Emigranten heraus.

Selbstverständlich ist Mandel kein Freund Deutschlands. In einer Brandrede am 11. September 1933 wies er beschwörend auf die riesigen Rüstungen Deutschlands hin. Er forderte den Präsidenten der Kammer auf, an den Genfer Völkerbund den Dringlichkeitsantrag zu stellen, die deutschen Rüstungen von einer Kommission untersuchen zu lassen, um festzustellen, wie weit die Forderungen des Versailler Vertrages eingehalten sind. Falls Deutschland nicht auf Mahnungen der Diktatsmächte eingehen würde, sollte man zu Sanktionen greifen, wie sie die II. Internationale vorschreibt. Eine gleiche Stellung bezog Mandel bei der Wiederbesetzung des Rheinlandes. Auch hier forderte er Sanktionen gegen das Reich. Die drohende Rundfunkrede, die Sarraut in den Tagen hielt, stammte, so behauptet man in französischen Kreisen, aus der Feder Mandels.

Trotz mehrerer Kabinettswechsel blieb Mandel im Sattel, bis die Mai-Wahlen 1936 den Sieg der Volksfront einbrachten. Zunächst schien das Ende Mandels gekommen zu sein, denn die radikalen Gewerkschaften beantragten im Bewußtsein ihres Sieges eine Untersuchung gegen ihn wegen Begünstigung u. a. m. Aber Mandels Stellung, durch sein reichliches Wissen um viele Dinge gefestigt, war nicht mehr zu erschüttern. Einige drohende Reden gegen Deutschland, der warme Hinweis auf die Einkreisungswirkung des Sowjet-Paktes rückten ihn bei der C.G.T. in das rechte Licht. Enge Verbindungen zu Jouhaux wurden gepflogen und heute besitzt Mandel einen bedeutenden Einfluß auf die Gewerkschaften. Ihnen und der guten Freundschaft mit Sarraut verdankt er auch das neue Ministeramt für die Kolonien im April 1938.

Sein Amtsantritt war mit einer geheimnisvollen Hausse in Goldminenaktien verbunden. Vom 15. April bis 9. Juli stiegen die Aktien von 455 bei einem Anteil von 635 auf 800, der Anteil auf 1200. Das Geheimnis, so meint eine französische Zeitung, liegt darin, daß Mandel am 12. April Kolonialminister wurde, daß der Jude Wormser sein Kabinettschef, gleichzeitig hoher Beamter der Bank Lazard ist. Das Amt als Kolonialminister gibt Mandel gute Gelegenheit, seine Interessen, die mit denen seiner Stammesgenossen identisch sind, durchzusetzen. So bringt er jüdische Ärzte in den Kolonien unter, unbeschadet des Protestes der französischen Ärzteschaft, gestattet Großeinwanderungen in einzelne französische Kolonien, setzt in die Kolonialverwaltungsstellen Juden als Vertreter Frankreichs ein. Er läßt in Indo-China Eisenbahnen bauen, die lediglich den Zweck haben, Kriegsmaterial nach China zu befördern. Er empfängt chinesische Kommissionen, um wegen Waffenlieferungen zu verhandeln, was allerdings einen japanischen Protestschritt nach sich zieht. Das Waffengeschäft blühte auch mit dem roten Spanien. Bei solchen Geschäften kann es nicht wundern, wenn Mandel zum Krieg gegen Deutschland hetzt. Beachtenswert ist allerdings, daß dieses Kriegstreiben Mandels durch seinen Sitz und Stimme im obersten, militärischen Verteidigungsrat Frankreichs eine besonders schwerwiegende Note erhält.

Seine Stellung in den kritischen Tagen des Septembers ist bekannt. Die „Action Française" deutete auf seine Hetzereien hin, ihm gleichzeitig mit seinen Rassegenossen die ihnen zukommende Abfuhr erteilend.

> „Wenn diese Kanibalen darauf beharren, aus uns Helden machen zu wollen, so werden unsere ersten Kugeln für Mandel, Blum und Reynaud sein." (5)

Mandels offizielles „Tägliches Bulletin für koloniale Nachrichten" ist ein anerkanntes Blatt für Falschnachrichten, die zum Kriege treiben sollen. Am 8. Dezember erscheint ein Aufsatz, der sich mit der deutschen Habgier auf Marokko beschäftigt. Vier Tage nachdem der Hebräer Pertinax, der mit Mandel in enger Verbindung steht, die Marokko-Lüge in die Welt setzte, die fast einen kriegerischen Zwischenfall hervorgerufen hätte. Am 29. Dezember 1938 lenkt Mandel die Aufmerksamkeit der Regierung und natürlich auch der Presse auf die Tatsache, daß italienische Wachtposten mitten in französisch Somaliland ständen. Die ausbrechende Panik enthüllte die Meldung schnell als ein falsches Gerücht. Am 10. Februar 1939 wird eine neue Form gewählt. Ein angebliches Telegramm aus London an die sowjetrussische Zeitung „Prawda" berichtet von deutschen Vorbereitungen für eine Kolonialarmee.

Mit solchen Kriegsgerüchten versuchte Mandel nicht nur die Verordnung für eine Verstärkung der farbigen Aushebungskontingente um 70 000 Mann zu begründen, sondern auch den Befestigungsausbau in den kolonialen Besitzungen, wobei sich Mandel „selbst bedient". So berichtet er im März einer Kolonialkommission von Befestigungen in Djibuti und Indochina. In der letzteren Kolonie hat er auf Hanoi eine Flugzeugfabrik geschaffen, die jährlich 150 Maschinen und 400 Motoren baut. Er verschwieg aber der Kommission, daß ein großer Teil der Produktion nach China geht.

Mandels jüdische Politik macht ihn zum Angriffspunkt der französisch-völkischen Kreise. Hier eine Forderung, die durch die gesamte judengegnerische Presse in Frankreich ging:

> „Wer ist der Führer der Kriegspartei?
> Mandel.
>
> Wer propagiert die Falschnachrichten über Italien?
> Mandel.
>
> Wer hat nicht geantwortet, als man ihn angeklagt hat, der Urheber der anti-französischen Kundgebungen zu sein?
> Mandel.
>
> Wer muß aus der französischen Regierung gejagt werden?
> Mandel.
>
> Wer muß vor das Oberste Gericht gestellt werden?
> Mandel." (8)

VIII. Die Juden in den Kolonien und Mandaten.

Seitdem Nordafrika in französischem Besitz ist, hat sich die Regierung mit der Judenfrage zu beschäftigen. Der naturgemäße Widerstand der Araber, der den stetig wachsenden jüdischen Einfluß einzudämmen versucht, ließ keine Ruhe eintreten. Die heutige jüdische Bevölkerung in Nordafrika beträgt nach einer französischen Zählung vom 1. April 1938 in Marokko 162 000 bei einer Gesamtzahl von 5,2 Millionen, in Algier 120 000 gegenüber 6 Millionen und in Tunesien 95 000 gegenüber einer Gesamtbevölkerung von 2,5 Millionen. Eine Übersicht über die berufsständische Verteilung der Juden in Nordafrika gibt folgende Darstellung aus dem Jahre 1931. In den letzten 7 Jahren hat aber das Judentum um 27% zugenommen. Da die Eingewanderten sich naturgemäß dem Handel- und Wirtschaftsleben zuwandten, sind die Zahlen in den jeweiligen Berufsgruppen für den heutigen Stand um mehr als 1/4 höher anzusetzen.

	Stadt Algier	Übriges Departement	Stadt Constantine	Übr. Depart. Constantine	Stadt Oran	Übr. Depart. Oran	Tunesien	Marokko	Gesamt-Summe
A. Freie Berufe, Rechtsanwälte, Geschäftsagenten, Sachverständige, Makler, Vertreter, Notare, Sachwalter, Künstler, Mitglieder des Unterrichtswesens und d. Kirchenwesens	873	139	256	223	637	414	1273	116	3931
B. Kaufleute, Handels- und Bankagenten	2333	634	740	1238	2215	2329	6919	7537	23945
C. Handwerker und Angestellte der verschiedenen Handwerksgruppen	2648	645	2209	1635	1181	2467	3075	7102	21662

	Stadt Algier	Übriges Departement	Stadt Constantine	Übr. Depart. Constantine	Stadt Oran	Übr. Depart. Oran	Tunesien	Marokko	Gesamt-Summe
D. Landwirte, Ackerbauer, Landarbeiter, Gärtner	13	9	9	35	12	47	108	675	908
E. Öffentl. Verwaltungen u. Ämter, Stadtverwaltung, Polizei	376	106	275	203	244	279	34		1517
F. Eisenbahn, Elektrische Straßenbahn, Fracht auf dem Seewege, Wagenlenker, Lastträger	71	10	82	54	146	143	330	551	1387

Tunesien.

Das im Jahre 1881 über Tunesien übernommene Protektorat befreite die Juden von dem bisherigen Leben in dem bekannten Ghetto La Hara. Sie gründeten Banken und stellten zugleich den größten Teil der Angestellten und Leiter der neueingerichteten Institute und Syndikate. Die französischen Versuche, den Exporthandel Tunesiens zu heben, kamen ausschließlich den Juden zugute, denn sie besaßen den Handel schon seit altersher. Der Weltkrieg zog die geringe Anzahl von Franzosen aus Tunis, sodaß den Juden das gesamte wirtschaftliche Betätigungsfeld unbeschränkt zufiel. Am Ende des Krieges war die jüdische Vormachtstellung im Handel, Wirtschaft und Grundbesitz eine vollzogene Tatsache. Die großen Geschäftsstraßen in Tunis, die vor dem Kriege dem französischen Handel gehörten, wiesen 1918 große jüdische Luxusgeschäfte auf. Im Jahre 1931 betrug die jüdische Bevölkerung in Tunis 66 250 gegen 95 000 im Jahre 1938, also ein Zuwachs von 43,4 v. H., der für den heutigen Zustand zu berücksichtigen ist.

1931 waren als Kaufleute, Bank- und Handelsagenten 7 000 Juden tätig, d. s. 10 v. H. der damaligen jüdischen Bevölkerung; 4 075 Juden waren Besitzer industrieller Betriebe aller Art, 1 253 gehörten den freien Berufen an, wie Advokaten, Notare, Ärzte, Lehrer usw. Und 34 Juden saßen in den öffentlichen Verwaltungen. Dagegen waren im ganzen nur 109 Juden als Bauern oder landwirtschaftliche Arbeiter aller Art tätig. Heute haben die Juden besonders die Schlüsselstellungen der Syndikate an sich gerissen, die die verschiedensten Fachgruppen erfassen. Sie werden zur

Zeit in dieser unveränderlichen Form gebildet: Generalsekretär: Jo. Bokobza, 2. Sekretär: Zizi Nahum, Schatzmeister: Christian Sfez, Assessoren: Sauveur Cohen, Sitbon, Levy usw. Zuweilen findet man einen französischen oder arabischen Namen, aber das ist nur der Form halber.

Mit dem wirtschaftlichen Aufstieg begann auch der Einbruch in die geistigen Berufe. 100 jüdische Ärzte stehen nur 30 französischer Abstammung gegenüber. Die großen Krankenhäuser sind bei dem Anteil fast gänzlich in jüdischer Hand. Der jüdische Anteil bei den Rechtsanwälten und Notaren beträgt 80 v. H. Als Bâtonnier de l'Ordre (Vorsitzender der Anwaltschaft) amtiert seit 10 Jahren ein Jude.

Der größte Teil der Presse in Tunis ist im Besitz oder wenigstens unter ausschließlicher Kontrolle von Juden. Das gilt besonders für „La Presse", „Petit Matin", „Tunis Sozialist", „Tunis Soir", „Dépêsche Tunisien", „Tunisien Française et l'Italiano Tunisi". Die letztere, die ausgesprochen kommunistisch orientiert ist, wird von einem italienischen Juden geschrieben. Seine Leserschaft bildet die jüdische Jugend, die kommunistisch oder marxistisch eingestellt ist. Das bezeugt auch der jüdische Anteil an der Führung der Gewerkschaften, der 99 v. H. beträgt. (1) Die jüdische Masse zog sich unter der Volksfront-Regierung zusammen. (2) Ein französischer Bericht aus Tunis schildert den Anbruch einer neuen Zeit durch die Regierung Blums:

> „Bis dahin hatte sich keiner von ihnen mit Politik beschäftigt; ohne Zögern schlossen sie sich alle dem Sozialismus oder dem Kommunismus an und in den Volksfrontkundgebungen kann man neben wenigen französischen Intellektuellen, Professoren, Beamten und Arbeitern, neben einigen Arabern, die Verwirrung und Plünderung suchen, die ganze Masse der jungen Juden sehen, die eine siegreiche Faust erheben, die Internationale singen und gebieterisch eine „Reinigung" fordern." (3)

Nachdem der jüdische Abgeordnete Moch und Lecache schon 1924 ihre Propagandaarbeit in Nord-Afrika aufgenommen hatten, haben sich heute die Massen zu revolutionären Freiheitsbewegungen zusammengeschlossen, die sich in Tunis „Neo-Destour" und in Algerien „Nordafrikanischer Stern" nennen. Sie sind kommunistisch orientiert und fügen sich so in das größe Programm der C. G. T. ein.

Der französische Generalresident von Tunis Armando Gillon ist Jude, was die große Zahl seiner Rassegenossen in den verschiedenen Verwaltungen erklärt. Die so beschaffene jüdische Position konnte daher zum erstenmal mit einer offenen Abwehr der Angriffe auf das Judentum hervortreten. Die mutige französische Wochenschrift „Je suis partout", die in einer großen Sonder-Nummer die jüdische Gefahr für Frankreich zeigte, wurde in Tunis verboten.

Die italienischen Ansprüche auf Tunis kamen den Juden sehr ungelegen und die unter Mitwirkung der Lica hervorgerufenen Unruhen gaben der Meinung der Juden offenen Ausdruck. Der Besuch Daladiers im Januar 1939 verschaffte den Juden die Möglichkeit, ihre Liebe zu Frankreich zu dokumentieren. Die jüdische Nouvelle Aurore in Tunis schrieb von den begeisterten Empfängen des Ministerpräsidenten durch die jüdische Bevölkerung, die die Marseillaise sang und im Chor rief: „Es lebe Daladier, es lebe Frankreich". Sie schlossen sogar ihre Läden, um an den Truppenparaden teilzunehmen.

Marokko.

Marokko hat eine ähnliche Entwicklung wie Tunesien zu verzeichnen. 1931 zählten die Juden 117 600 gegen 162 000 im Jahre 1938, was einen Zuwachs von 38 v. H. bedeutet. 1931 waren in der Bekleidungs- und Stoffindustrie 684, in der Leder- und Fellindustrie 1 186, in der Gold- und Diamantenindustrie 427, im Lebensmittelhandel 3 866, im übrigen Handel mit Teppichen, Parfüms u. ä. 2 754 Juden tätig, um nur die Hauptgeschäftszweige herauszugreifen.

Die heranwachsende jüdische Jugend überschwemmt die zahlreichen Schulen. Es gibt 4–5mal so viel jüdische Schulen wie mohammedanische und der Anteil der Schüler an den höheren Schulen, in Casa Blanca*) zum Beispiel, beträgt 52 vom Hundert. Als im Sommer 1938 fünfzehn französische Verwaltungsstellen ausgeschrieben wurden, nahmen die Juden neun davon in Besitz. Der wachsende Einfluß im Handel und in der Wirtschaft wird nicht nur von den Mohammedanern als Gefahr empfunden. So wird Fez z. B. von Juden derart überschwemmt, daß in 4–5 Jahren der Handel der Stadt sich in jüdischem Besitz befinden wird. Pessimistisch folgert eine französische Zeitung: „Unsere Landleute werden weiter nichts zu tun haben, als die Stadt zu verlassen und sich einzuschiffen, was sie übrigens schon zu tun beginnen!"

Naturgemäß ist auch in Marokko das Arabertum, das sich in seiner Existenz bedroht fühlt und durch die jüdischen Verwaltungsbeamten in seiner Ehre verletzt sieht, eine Gefahrenquelle, wie ein arabischer Journalist in einem Aufsatz „Der Antisemitismus – ein Werk der Juden" feststellt. Er bittet Frankreich um Maßnahmen gegen diese gefährliche Entwicklung. Zwei müssen vor allen Dingen ergriffen werden:

> „1. muß den privaten Unternehmungen vorgeschrieben werden, ein gleiches Gehalt zu zahlen, einerlei, welcher Abstammung der Angestellte ist. Es ist klar, daß bei gleichem Gehalt der Unternehmer immer den französischen Angestellten vorziehen wird, der immerhin besser ist.

---

*) dessen jüdische Bevölkerung sich seit 1900 verachtfacht hat (28 600).

Die Posten der öffentlichen Ämter müssen den Mohammedanern und den Juden je nach den entsprechenden Verhältnissen in der Gesamtbevölkerung vorbehalten bleiben. Wenn aber nichts geschieht, steht zu befürchten, daß eines Tages ernste Ereignisse eintreten. Warum auf sie warten? Durch tausend Vorzeichen sind wir gewarnt." (4)

Algerien.

Algerien, das am längsten von allen Mandaten unter französischem Einfluß steht, bietet in seiner Entwicklung ein beispielhaftes Bild für das Anwachsen des jüdischen Einflusses und besonders für die Auswirkungen dieses Prozesses.

Ein französischer Journalist schrieb vor einem Jahr in einem Reisebericht über Algier:

„Wenn morgen schwere Störungen in Algier ausbrechen, wird man sie sich im Umkreis der Judenviertel entzünden sehen."

Damit will der Schreiber auf die Gefahr des tiefen Gegensatzes zwischen Islam und Israel hindeuten. Neben der rassischen Abneigung trägt die wirtschaftliche und staatsrechtliche Sonderstellung der Juden viel zu den Unruhen bei.

1870 erhielten alle in Algier ansässigen Juden das französische Staatsbürgerrecht durch die Bemühungen Crémieux's, der der Regierung der nationalen Verteidigung angehörte. Das in die Geschichte als „lex Crémieux" eingegangene Drekret lautete:

„Die Regierung der nationalen Verteidigung bestimmt: Die eingeborenen Israeliten des Departements von Algerien haben fortan das französische Bürgerrecht. Ihr persönlicher Besitzstand wird vom Tage der Verkündigung dieses Dekretes an nach Maßgabe des französischen Gesetzes geregelt; alle bis zu diesem Tage erworbenen Rechte sind unverletzlich.

Alle gesetzlichen Verfügungen, Senats-Konsulate, Dekrete, Verordnungen, welche obigen Bestimmungen zuwiderlaufen, treten außer Kraft.

gegeben zu Tours, 28. Oktober 1870.

Ad. Crémieux L. Gambetta A. Glais-Bizoin
L. Fourichon."

Zu dieser außerordentlichen Begünstigung der Juden lag keinerlei Anlaß vor. Vielmehr hätte den Arabern, die in dem deutsch-französischen Krieg tapfer kämpften, eine solche Ehrung zugestanden.

Sie empfanden die tiefe Kränkung und haben sie bis heute nicht vergessen. Aber auch die französischen Kolonisten in Algier wiesen das Dekret zurück — vergeblich, denn Frankreich war weit und das Judentum dort mächtig.

Davon zeugte die Dreyfus-Affäre, die bis nach Algier ihre Wellen schlug. Das judenfeindliche Arabertum und die ansässigen Franzosen schlossen sich zusammen, um gemeinsam gegen das Judentum vorzugehen. Edouard Drumont wird zum Abgeordneten von Algier gewählt und der junge Franzose Regis auf 25 Jahre zum Bürgermeister von Algier ernannt. Sein Pariser Besuch glich einer einzigen Triumphfahrt. In Algier kam es zu Ausschreitungen gegen die Juden, denen das Militär nicht gewachsen war. Aber der Sturm verebbte dort ebenso wie in Frankreich. Nur die Glut der Abneigung schwelte weiter, um von Zeit zu Zeit Feuer zu fangen.

Der offensichtliche Schutz, der den Juden durch die französische Regierung zuteil wurde, rief eine starke Immigration nach Algerien hervor, was das Emporschnellen der jüdischen Bevölkerung von 40 000 im Jahre 1870 auf 162 000 im Jahre 1938 beweist. Die hinzugewanderten Juden unterstanden aber nicht der französischen Zivilgerichtsbarkeit, sondern ihren eigenen „tribunaux rabbiniques". Diese Juden waren Gegenstand eines großen Wahlskandals, der Anfang des Jahres 1939 erst seine Erledigung fand. Die nicht unter das „lex Crémieux" fallenden Juden hatten sich nämlich auf die Wahllisten ihrer Stammesgenossen geschmuggelt, was ihnen leicht fiel, da die Verwaltungsstellen alle jüdisch durchsetzt sind. Der ihnen abgeneigte Bürgermeister hatte sie aber nachträglich alle wieder gestrichen. Der Kassationshof stimmte der Maßnahme vom 12. Januar 1939 zu. Vier Tage später aber hob der Innenminister Sarraut im Einverständnis des Kolonialministers das Urteil auf, sodaß diese Gruppe von Juden nunmehr unter französischem Schutz steht, aber trotzdem ihren eigenen Gerichten (tribunaux rabbiniques) unterworfen bleibt. Sarrauts judenfreundliches Auftreten, das schon einmal die Abdankung der französischen Abgeordneten in Algier bewirkt hatte, rief einen ähnlichen Entrüstungssturm hervor, wie seinerzeit der von der Volksfront-Regierung Blums erwogene Violette-Plan. Violette versuchte, allen Algeriern das Wahlrecht zu geben. Damit sollte das Arabertum für die Interessen der Volksfront geködert werden. Der Plan scheiterte aber an den Widerständen in Algerien. Die Blum-Politik war für die Juden in Algerien eine goldene Zeit und hat ihre Vormachtstellung weit vorgetrieben — auf Kosten der Araber. Ben Djellul, das „Rätsel von Algerien", der von den Eingeborenen wie ein zweiter Prophet verehrt wird, schrieb:

> „Unser Volk leidet. Wir besitzen Abgeordnete, die wir nicht gewählt haben, die nie etwas von unseren Sorgen verstanden. Strafen, Strafen, nichts als Strafen! Nun hat sich dieses gequälte entrechtete

Volk erhoben, es steht restlos hinter uns, trotz des unerhörten offiziellen Drucks. Wir fordern drei Dinge: Recht, Freiheit, Brot. Frankreich verleiht unseren gebildeten Schichten die höchsten akademischen Grade, aber es verweigert ihnen den Stimmzettel und damit jede Möglichkeit der Anteilnahme am Schicksal des Landes. Dagegen hat es den Juden aus dem Ghetto gezogen; er saugt uns nicht nur wirtschaftlich aus, sondern herrscht auch politisch über uns in den Generalräten, den Gemeinden, den Finanzdelegationen; er beschlagnahmt das geistige Leben, dringt in die hohen Verwaltungen ein, gibt sogar den Ton an in der Polizei." (5)

Den hauptsächlichsten Anteil am Haushalt Algeriens bringt die Landwirtschaft auf, an der das Judentum natürlich keinen Anteil hat, sondern nur als Mittelsmann tätig ist. 1934 betrug die Einnahme des algerischen Haushaltes 1400 Millionen, was genau dem Gesamtwert der landwirtschaftlichen Produkte entspricht. Der Jude hatte also dem arabischen Bauern so gut wie nichts von dem Ertrag seiner Ernte übriggelassen, was erklärlich ist, wenn sich die Hypothekarverpflichtungen auf 3,5 Milliarden Franken beliefen.

Eine übersichtliche Darstellung über die berufsständische Zusammensetzung des Judentums in Algerien gibt ein dortiger Rabbiner:

Freie Berufe	3 931
Handel	23 945
Handwerk und Industrie	21 662
Ackerbau	908
Verwaltungen	2 904
Handwerker und Arbeiter	5 586
ohne Beruf	946

Schiffsvermietung	2	Schlächter	106
Geschäftsagenten	7	Bäcker	17
Versicherungsagenten	14	Sattler	3
Fabrikagenten	25	Antiquitätenhändler	71
Ackerbauer	7	Caféhausbesitzer	25
Rechtsanwälte	23	Kellner	32
Sachwalter (avoués)	2	Straßenhändler	70
Straßenkehrer	1	Hutmacher	24
Bankdirektoren	2	Chauffeure	68
Juweliere	182	Schreiber b. Rechtsanwälten	2
Wäscher	3	Schreiber b. Sachwaltern	13
Kinderfräulein (bei Juden)	97	Schreiber b. Gerichtsdienern	20

Schreiber b. Notaren	17	Drucker	66
Friseure	61	Industrielle	16
Hausierer	65	Ingenieure	12
Kaufleute	657	Sicherheitspolizei	9
Rechnungsführer	356	Unterrichtswesen	49
Rechnungsführer Sachverständige	5	Generalintendanten	1
Hauswarte	28	Tagelöhner	212
Schuhhändler	206	Buchhändler	6
Makler	45	Limonadenverkäufer	22
Schneiderinnen	175	Jahrmarkthändler und herumziehende Händler	76
Stenotypistinnen	131	Fischhändler	20
Zahnärzte	21	Ärzte	50
Kunsthändler	42	Tischler	60
Elektriker	91	Modistinnen	36
Verwaltungsangestellte und Beamte	332	Musiker	15
Bankangestellte	96	Arbeiter	24
Handelsangestellte	1 153	Maler	152
Apothekenangestellte	11	Apotheker	20
Materialwarenhändler	44	Rabbiner	27
Klempner	49	Vertreter und Reisende	428
Uhrmacher	32	Schneider	208
		Tierärzte	1

Diese Aufstellung erhielt eine gute Ergänzung durch die Arbeit eines algerischen Judengegners, Virebeau, der die Verjudung von „Algerusalem" durch die Geschichtsstunde eines Rabbiners ad occuli führte. Darin heißt es:

„Mein Sohn,

unsere Eroberung Algiers ist fast beendet: unsere Glaubensgenossen sind überall und haben alles in Händen. In der hohen Verwaltung wird unsere Vorherrschaft nicht einmal bestritten. M. Le Beau — der der Gatte unserer Zohra Eyquem war — und seine Präfekten gehorchen uns aufs Wort. Wenn ein Redner nicht gefällt, machen sie sich ein Vergnügen daraus, seine Versammlungen abzusagen, wie in Oran, wo die antijüdische Versammlung des goy Coston nur dank der von der Polizei unvorhergesehenen Kriegslist des unfähigen Präfekten stattfand.

Die französische Armee steht auf der Wacht vor unseren Offizieren, während die militärische Luftfahrt von Nord-Afrika unter dem Befehl unseres El Naim — bei den Goym unter dem Namen Denain bekannt — gestellt ist.

Die Dienststellen (locaux) der Gouvernements-Regierung sind von unseren Sebaoun, Issac Friang, Abadia, Abib, Salphati, Adij, Azoulay besetzt, die Amtsleiter und Angestellte sind und für unser Konsistorium die Arbeit, die dort geleistet wird, kontrollieren. Es ist bei uns Mamane, Sicherheitsinspektor, der die politischen Parteien der Goym, besonders die der Linken, überwacht.

Die wohlhabenden Algerier, die nach Frankreich reisen, benutzen die Linie Air-France, die in Algier von unserem Worms vertreten wird und in Paris von unseren Mayer und unseren Weiller verwaltet wird – oder sie nehmen auf der „Ville d'Alger" ihre Überfahrt, ein Schiff, das der „Cie Générale Transatlantique" gehört, die von unserem Baumgartner verwaltet wird.

Die Algerier, deren Barschaft wir erheblich verringert haben, fahren bescheidener ins Innere, indem sie die Straßen, die von Goym-Arbeitern gebaut sind, benutzen, und die unter der Leitung unseres Balensi, Direktor der öffentlichen Arbeiten im Generalgouvernement, stehen. Die Kolonisten und die Fellahs zahlen Abgaben an unsere Raymond Beer und Georges Levi, indem sie ihre chemischen Erzeugnisse kaufen.

Die Algerier werden im Hospital de Mustapha durch unsere Benhamou und Aboulker gepflegt und in der Stadt durch unsere unzähligen Aboulker, Adda, Azoulay, Benichou, Chiche, Cohen-Solal und so weiter. Sie lernen in der höheren Schule bei unseren Cohen, Cohen-Bacrie, Belayche, Toubian usw. In der Ecole Primaire supérieure bei unseren Seblan, Sedboun, Nenesis usw. Auf den Gerichten werden sie abgeurteilt durch unsere Gougenheim, Levi, Journau, verteidigt durch unsere Akoun, Adda, Azoulay, Bekache u.s.w., verhaftet durch unsere Adad, Haas, Jois, Safar, Aknin usw., im Generalrat vertreten durch unsere Belaiche, Aboulker, Levy und einer gewissen Zahl unserer besten Diener; gekleidet von unseren Baranés (Larade), Nebot (Botney), Bourla, Baruche, Baruch, Nahon, Dukan, Tabet usw., und ihre Frauen durch unsere Bakouche, Stora (Petit Duc, Maribou), Akoun (Rex), Benain, Bensaid (Saint Lucien), Gozlan (Au Bon Gott) usw., frisiert durch unsere Ernest Cohen (Erco), Haddad, Sfar usw., mit Schuhwerk versehen durch unsere Temime (Arozmonde, Palais de la Chaussure, 100 000 Chaussures), Amaoua (Präsident des Syndikats), Levy (Chaussures André), Canoul (Aux Deux frères), Bacri, Chiche usw. Krawatten kaufen sie bei unseren Achouch, Chiche, Narboni, Nino, Bonamou, (Ville de Troyes), Tabet usw.

Sie essen das Brot, das von den Goym-Bäckern mit dem Mehl unserer Solal und Cohen-Scali gebacken wird, die Nährmittel unserer

Ben-Said, das Fleisch, welches von unseren Mantoux (vom Sanitätsdienst) kontrolliert wird, und die bei unseren Benaim, Bensaid (Pantagruel), Teboul, Cohen (Chez Charlot) gekauften Erzeugnisse.

Sie kochen mit den Werkzeugen von Monoprix oder von unserem Hayoun, je nach ihren Mitteln.

Sie wohnen in den Häusern unserer Doueb, Levy-Brahm, Lebhar, Belaiche, Teboul usw., schlafen in den Betten, nehmen die Mahlzeiten an den Tischen ein, sitzen auf den Lehnstühlen oder den Stühlen, die von unseren Sebaoun, Djan, Levy verkauft werden. Sie sehen nach der Uhr auf ihren Uhren gezw. Lip (Lipmann), Stora, Chiche, Zarbib, rauchen Zigaretten von unseren Bacri, Azoulah, Baruch, Belaiche, Chebat, die sie mit den Streichhölzern anzünden, die in den tschechischen Fabriken unserer Glaubensgenossen hergestellt sind; lesen die Zeitungen unseres Freundes Duroux (Compagnon unseres Solal) und die, welche von der Havas-Agentur kontrolliert werden (von unserem Horace Finaly), spenden den Filmen unseres Harry Baur, Gaby Morlay, Salomon (J. P. Aumont), Armand Bernard usw. Beifall, in den Sälen unserer Belaiche, Tenoudij, Atlani, Attali usw. Hören unsere Künstler und Sprecher mit Hilfe der Apparate von T.S.F., die von unseren Levy (Radio L. L.), Adida und Saada, Belaiche (spr. Bel), Suß, Sasportès, Hak Salomon, Sadoun, Timsit, Kespy fabriziert oder verkauft werden. Es würde zu weit führen, alle die aufzuzählen, die, an die wichtigsten Räderwerke gestellt, die Verwaltungstätigkeit, die Politik, die Gerichtstätigkeit, das Militär, Wirtschaft und Finanz in Algier kontrollieren. Es sind ihrer Legionen.

Zahlreich sind auch die wichtigen Goym, denen unsere modernen Dalilas Geheimnisse entreißen und die sie für Israel zu interessieren wissen.

Was wir auch tun mögen, wir sind der Nachsicht des Gerichts sicher. Unsere Zaoui können Kriegskrüppel töten, wie Aubertin. Unsere Moise Lebrati können Theatersäle in Brand stecken, wie die Alhambra von Algier, unsere unzähligen Geldverleiher können in aller Ruhe stehlen. Wenn sie verhaftet werden, so geschieht das einzig, um sie der Rache irgend eines aufgeregten Goyms zu entziehen. Nichts Ernstes kann ohne uns oder gegen uns vorgenommen werden, ohne daß wir darüber durch unzählige Agenten, die wir in allen Kreisen unterhalten, unterrichtet werden.

Mein Sohn,

wie es vor 80 Jahren unser lieber und verehrter General Crémieux in seinem berühmten Manifest an die Juden der Welt ankündigte:

„Der Tag ist nicht mehr fern, wo alle Reichtümer, alle Schätze der Erde das Eigentum der Kinder Israel werden."

So sprach zu seinem Sohn ein Rabbiner in Algier in diesen Tagen von Thébeth 5697." (6)

In Algier leben heute 133 572 Juden. 1931 waren es 23 550, das bedeutet einen Zuwachs von 466 Prozent. Dieser Prozentsatz muß berücksichtigt werden, wenn 1931 in Algier innerhalb der jüdischen Bevölkerung von

Bauern 7,
Advokaten 23,
Juwelieren 182,
Eisenbahnern 27,
Kaufleuten 657,
Verwaltungsbeamten 140,
Bank- und Handelsangestellten 1249,
Journaliers 212,
Ärzten 50,
Angestellten d. P.T.T. 165,
Vertretern und Reisenden 428 und
Professoren 11

Juden waren.

In Oran leben heute 143 240 Juden. 1931 waren es 20 493, was einen Zuwachs von 450 Prozent bedeutet. Das muß berücksichtigt werden, wenn 1931 in Oran innerhalb der jüdischen Bevölkerung von

Angestellten d. P.T.T. 99,
Professoren 10,
Rabbinern 25,
Notaren und Advokaten 11,
Ärzten 27,
Journaliers 476,
Employés de commerce 1705,
Juwelieren 60,
Bauern und colous 8

Juden waren.

In Constantine leben heute 86 792 Juden. 1931 waren es 13 110, das bedeutet einen Zuwachs von 562 Prozent. Das muß berücksichtigt werden, wenn 1931 in Constantine innerhalb der jüdischen Bevölkerung von

Schneidern 445,
Rabbinern 40,
Professoren 4,
Angestellten d. P.T.T. 91,

Journaliers 60,
Kaufleuten 286,
Employés de commerce 323,
Eisenbahnern 58,
Juwelieren 139,
Bauern und colous 9,
Advokaten und Notaren 8 und
Polizeiagenten 23

Juden waren.

Ostafrika und Sudan.

In Französisch-Ostafrika, das den Juden kein ertragreiches Arbeitsfeld im breiteren Maße bietet, befinden sich in der Verwaltung Juden, die durch ihr Auftreten Unruhe und Aufruhr bei den Eingeborenen hervorrufen. Gerade in den kritischen Septembertagen brachen dort Streiks aus, für die der Generalgouverneur von A.O.F., in dessen Umgebung sich die unfähigen Juden Geismar und Holderer befinden, verantwortlich war. Obwohl bei der Niederschlagung des Aufruhrs einige Offiziere ihr Leben ließen, gewährte Mandel den Aufständischen Erhöhung ihrer Gehälter, Schadensersatz und lehnte Sanktionen ab. (7) Holderer ist Leiter der Verwaltung in Sankt Louis und fügt sich gut in das Bild ein, das eine französische Zeitung von den jüdischen Kolonialbeamten entwirft.

> „Alle diese Leute zeichnen sich durch ein schlechtes Benehmen aus und sind allen Agitatoren zugänglich. Unfähig, unser Land würdig zu vertreten, erregen die Juden die Empörung der Kolonisten, der anständigen Verwalter und der treuen Eingeborenen." (8)

Im Sudan boten die gigantischen Bewässerungsarbeiten dem jüdischen Kapital Gelegenheit, sich einzuschalten. Hauptaktionär des Unternehmens, das die Arbeiten am Niger durchführt, ist der jüdische holländisch-englische Unilever-Konzern, der bereits die Herrschaft über die westafrikanische Wirtschaft besitzt. 50 Prozent der französisch-afrikanischen Oelerzeugnisse verkauft oder kontrolliert dieser Konzern, dem dazu der Truppentransport von der französischen Elfenbeinküste nach Frankreich anvertraut ist, und der im Äquatorial-Afrika ein Gebiet so groß wie ein Zwanzigstel Frankreichs besitzt. Selbst in den unter Aufsicht des Kolonialministers stehenden Organisationen, wie „Conférence Impériale" oder „Comité Interprofessionelle des Oléagnieux", hat der Trust seinen Sitz.

Die Hintergründe für die geschickte Einschaltung des jüdischen Konzerns in die Bewässerungsunternehmungen am Niger sind die Interessen an den riesigen Baumwoll-Plantagen, die in den neugewonnenen Gebieten angelegt werden. Durch die Kapitalsanlagen beherrscht „Unilever" den neuen französischen Baumwollmarkt, der unter größtem Einsatz von französischem Militär und Arbeitern gewonnen wurde.

Französisch Guyana ist in den letzten Monaten durch die Mithilfe des Kolonialministers ein jüdisches Siedlungsland geworden. Trotzdem schon mehrere Familien nach Guyana ausgewandert sind, wird die Teufelsinsel wegen ihres ungünstigen Klimas keine große Bedeutung für die jüdische Siedlungspolitik erhalten.

Wichtiger ist die Beobachtung Cochin-Chinas für die Zukunft. Anfang dieses Jahres wurde den Eingeborenen auf Betreiben Mandels dort die Beamten- und Offizierslaufbahn geöffnet.

Wie weit sich die jüdischen Anstrengungen nach Siedlungsmöglichkeiten im französischen Imperium versteigen können, zeigt ein Plan, der in der französischen Ausgabe der „New-York Herald" veröffentlicht wurde und insbesondere eine Spitze gegen die italienischen Ansprüche darstellt.

> „Verschiedene Länder zwingen die Juden, auszuwandern. Noch mehr verhindern sie ihre Einwanderung. Der Antisemitismus wäre sehr zu verurteilen, wenn die Juden sich wie Gäste benehmen würden, wenn sie ihre eigene Rasse erkennen und ihr eigenes Land haben würden. Die Juden und die Arier sind sich beide über die Dringlichkeit bewußt, eine Lösung zu finden. Palästina hat sich entschieden als ungenügende Lösung erwiesen. Die Juden brauchen ein Land, das ihnen vollständig gehört und das eine solche Lage hat, daß es nicht nur den Verzweifelten schön erscheint – wie Madagaskar –, sondern auch die reichen Juden anzieht.
>
> Es ist unsinnig – und darum wagt niemand es zu tun –, sich einzubilden, daß Frankreich Korsika abtreten würde.
>
> Aber die Judenfrage ist brennend und die Idee darf nicht als unmöglich zurückgewiesen werden. Das jüdische Vermögen der ganzen Welt wird heute auf 30 Milliarden Dollar geschätzt. Die Juden könnten Frankreich, sowie der korsischen Bevölkerung solche Gegenwerte bieten, daß man über den Plan nachdenken könnte. Frankreich würde eine nie dagewesene Menschlichkeits-Geste machen, würde sein eigenes jüdisches Problem lösen, und hätte nur Vorteile von der Nachbarschaft dieser neuen Verbraucher. Die jetzige Hauptstadt von Korsika, Ajaccio, würde eine unabhängige freie Stadt werden. Die 250 000 Korsen würden für ihre Häuser, ihre Felder, ihr Vieh in der Weise entschädigt werden, daß sie anderswo (im Süden Frankreichs, in Italien, in Sizilien) zumindest für das, was sie aufgegeben haben, einen Ersatz finden könnten. Das würde weniger als 1 Prozent des jüdischen Vermögens kosten. Die Entschädigung für das Vermögen, welches Frankreich in die Insel gesteckt hat (Straßen, Staatseigentum, Krankenhäuser usw.), würde nicht mehr umfassen. Die Vorbereitung des Landes auf eine schnelle Ein-

5*

wanderung von Millionen von Juden würde nicht mehr als 3 Prozent des jüdischen Vermögens fordern.

Die Bewegung: ein neuer jüdischer Staat müßte durch eine anständige Propaganda bekannt werden, und die notwendigen Mittel müßten erhalten werden, um Frankreich und die Korsen zu entschädigen und um die Einwanderung zu veranstalten.

Ein neuer jüdischer Staat mit einer autoritären Regierung müßte die Juden gewissenhafter und patriotischer machen, und müßte durch strenge Gesetze sein menschliches Material verbessern und die jüdische Moral heben.

Die jüdische Religion würde durch ein gemeinsames Nationalgefühl ersetzt werden.

Die hebräische Sprache würde durch die englische ersetzt werden.

Der neue jüdische Staat hätte seine eigenen Gesandtschaften, seine eigenen Handelskammern usw. Jeder Jude, selbst derjenige, der im Auslande wohnen würde, müßte die jüdische Staatszugehörigkeit annehmen." (9)

Madagaskar.

Im Jahre 1937 wurde in der Weltpresse der Plan einer jüdischen Massenansiedlung auf der Insel erwogen. Im Einvernehmen mit dem damaligen französischen Kolonialminister Moutet hatte die polnische Regierung eine Kommission dorthin entsandt, um die Verhältnisse zu erkunden. Die Proteste des französischen Generalgouverneurs, der nur Siedler verlangte, und die militärischen Interessen Frankreichs machten von vornherein alle Beratungen unwirksam. „Eine starke jüdische Minderheit auf der Insel wäre nicht nur ein Verbrechen, sondern auch eine Gefahr", schrieb ein Franzose.

Dem jüdischen Welt-Kongreß wurde die Möglichkeit unterbreitet, daß 1937 zehn, 1938 vielleicht dreißig und 1939 etwa fünfzig jüdische Familien dort angesiedelt werden könnten. Dieser Vorschlag bedeutet aber nichts anderes, als eine freundliche Absage.

Da es dem Judentum nicht möglich war, sich durch Besiedlung des natürlichen Reichtums der Insel zu bemächtigen, schalteten sie sich in den Handelsverkehr zwischen Madagaskar und Frankreich ein. Der Exporthandel lag in den Händen zweier französischer und einer norwegischen Schiffahrts-Gesellschaft, deren Transportkosten über denen des Weltpreises lagen. Anfang 1939 wurde in Marseille eine jüdische Gesellschaft gegründet, die mit Unterstützung der Juden Mandel und Léon Mayer einen günstigeren Import durch geringere Transportkosten garantierte, zum Schaden der französischen Handelsschiffahrt und der Kaufleute in Madagaskar und in Frankreich. (10)

IX. Léon Blum und die Parteien.

„Mir scheint, daß diese Art der Beschlüsse, die Juden immer in den Vordergrund zu stellen, sie vorzuziehen, diese Voreingenommenheit, sie für talentvoll, genial zu halten, daher kommt, daß ein Jude ganz besonders empfindlich den jüdischen Eigenschaften gegenüber ist; besonders daher kommt, daß Blum die jüdische Rasse als überlegen, als zur Herrschaft berufen ansieht, nachdem sie lange beherrscht worden ist, und es für seine Pflicht hält, an ihrem Triumph zu arbeiten, dazu beizutragen, dazu mit allen Kräften beizutragen."

André Gide. (1)

Der hervorstechendste Parteijude der marxistischen Parteien ist Léon Blum. Zwei Dingen ist er unverhohlen treu geblieben, seiner Rasse und der in ihr verankerten Moral.

Auf dem Jahreskongreß der Lica (Ligue internationale contre Antisémitisme et Racisme) stellte der ehemalige Ministerpräsident fest, indem er sich ganz offen zum Judentum bekannte:

„Ich bin Jude. Ich habe mich niemals geschämt, ein Jude zu sein, und ich habe mich dessen niemals gerühmt. Warum soll ich deshalb nicht über die Judenfrage diskutieren? Ich denke, ich bin ebenso fähig, über die Judenfrage zu sprechen wie wenn ich keiner wäre."

Die Franzosen konnten bei einer derartig starken Betonung des jüdischen Elements nicht verstehen, daß ein solcher Vertreter die politische Führung des Landes innehaben konnte, um die Interessen Frankreichs zu verteidigen. Léon Blum nahm öffentlich zu diesen Vorwürfen Stellung:

„Und doch", so schrieb er, „obwohl ich mich als echter Franzose fühle, weiß ich, daß ich gleichzeitig Jude bin. Ich habe auch nie den mindesten Widerspruch in diesen beiden Phasen meines Bewußtseins verspürt. Ein Mensch kann durchaus einer zweifachen nationalen Loyalität unterworfen sein. Die Zugehörigkeit zu einem Lande schließt nicht aus, daß sich das Individuum als Teil auch einer anderen Gruppe, einer anderen menschlichen Gesellschaft, fühlt. Wir können vollkommen französisch fühlen und doch die Möglichkeit haben, uns noch mit einer anderen gesellschaftlichen Einheit verbunden zu fühlen. Wir können der jüdischen Gemeinschaft mit Körper und Seele angehören und doch in unserem Empfinden vollständig französisch sein. Da gibt es keine Schwierigkeit und keinen

Widerspruch. Ein Jude kann Franzose in jeder Beziehung sein, ohne daß er das Band löst, das ihn mit seiner jüdischen Gruppe verbindet." (2)

Es bleibt aber nicht dabei, daß sich der Jude mit seinem Stamme verbunden fühlt: Er ist auch gewillt, die Lage seiner bedrückten Stammesbrüder zu bessern, wozu ihm die Stellung in Frankreich eine gute Hilfe bietet. Das verhehlt Blum nicht, wenn er in der gleichen Stellungnahme erklärte:

„Als Franzosen leben wir sehr glücklich in Frankreich. Aber sollten wir trotz dieser persönlichen Sicherheit vergessen, daß es in anderen Ländern Juden gibt, deren Leben weniger friedlich ist als das unsere? Dürfen wir vergessen, daß es nötig ist, die jüdische Situation in anderen Ländern zu verbessern? ... Wer sich in einer besseren Position befindet, darf das nicht als Grund betrachten, jenes Solidaritätsgefühl zu verlieren, das ihn mit weniger glücklichen, weniger sicheren Juden verbindet." (2)

Zunächst bedurfte es einer Festigung der eigenen Stellung im Lande, zu deren Erreichung Blum zwei Faktoren ausspielte: Zersetzung der Sittlichkeit des Volkes und politische Macht in der Beherrschung der Masse durch die Parteien. Zur Entsittlichung der Massen lieferte Blum durch sein Buch „Über die Ehe" einen bemerkenswerten Beitrag. Mit 35 Jahren geschrieben, gab er es 1937 von neuem heraus. Öffentlich versuchte das Judentum Blum zu entschuldigen, indem es sein Elaborat als „typisch französisch" abtat. „The Jewish Chronicle" schrieb beim Erscheinen der englischen Übersetzung:

„Das Leben hat sich geändert, in Frankreich wie in England, aber doch nicht in dem Maße, daß man einen solchen Unterschied zwischen den französischen Sitten und denen, die die jüdische Tradition der Israeliten erhalten haben, annehmen könnte." (3)

Einige Proben aus dem Buch beweisen, daß Blums Anschauungen ebenso „typisch jüdisch" sind wie angeblich „typisch französisch".

„Ich will, daß die Mädchen ihrem Trieb unbedenklich nachgehen, daß sie bis ans Ende ihrer Wünsche gehen, daß sie sich hingeben, wenn sie die Lust dazu ankommt, aber ich hasse es, wenn sie sich nur halb geben und sich an den Mann bringen wollen...."

„Es war mir nie erfindlich, was die Blutschande eigentlich Abstoßendes an sich haben soll. Ich stelle fest, daß es natürlich und häufig ist, daß Bruder und Schwester sich geschlechtlich lieben...."
„Ist diese Lehre so schwierig? Es ist nicht schwieriger, noch abstoßender zu lernen, keine Kinder zu haben, als solche zu erzeugen...." (4)

Ebenso wie mit diesen Lehren die staatliche Existenz durch die Aufgabe aller sittlichen Anschauungen, insbesondere die Familie, untergraben wird, so wird auch die politische Macht des Staates durch die mit jüdischen Lehren verhetzte Masse erschüttert.

Blum steht in der sozialistischen Bewegung seit ihren neueren Anfängen. 1872 als Sohn eines Großkaufmanns in Paris geboren, neigte er schon als Kind, wie er selbst schreibt, zum Ungehorsam und zur Auflehnung gegen jegliche Autorität. Nach dem Schulbesuch widmete er sich einem schöngeistigen Kritizismus. Als Literat liefert er einige Gedichte und neben seinem Buch „Über die Ehe" eine weitere Arbeit: „Neue Gespräche Goethes mit Eckermann". Erst 1893 gab die Dreyfus-Affäre dem Literaten den Anlaß, sich der Politik zuzuwenden. In wenigen Jahren machte er sich mit den Lehren des Marxismus bekannt, um 1899 in die sozialdemokratische Partei einzutreten. In der von ihm mitbegründeten „Humanité" schreibt er vorerst weiter Kritiken über Theater, Kunst und Literatur. Der Weltkrieg trägt ihn nach oben. Als Kabinettschef seines Parteivorsitzenden Sembat kommt er in die Regierung. 1917 und 1918 nimmt er als Pariser Delegierter an dem Parteikongreß in Bordeaux teil. 1919 stellt er die Forderungen der Partei zum Parteiprogramm zusammen, das ihm den Einzug in die Kammer als Abgeordneter des 8. Pariser Wahlbezirks einbringt. Von der Zeit an nimmt sein Einfluß in der Partei zu, in der er immer mehr Schiedsrichter als Chef ist. Die folgenden Jahre sind der gemeinsamen Arbeit für die sozialistische Partei und das Judentum gewidmet, wobei die erstere dem letzteren diente.

> „Heute brauchen wir nicht darüber nachzudenken, ob es richtig oder falsch ist, Zionist zu sein, da Zion bereits besteht. Wir brauchen uns auch nicht zu fragen, ob es richtig oder falsch ist, für die Bewegung zu werben, weil diese bereits einer Wirklichkeit gewordenen Sache dient und der Bestand nicht von uns abhängt. In unserem Interesse liegt es, daß Frankreich an dieser Bewegung Anteil nimmt, daß französischer Geist und französischer Einfluß ihre Entwicklung berühren." (15)

Blum wird Mitglied des Pro-Palästina-Komités, er kommt in seiner Arbeit für den Karen-Hajessod mit Weizmann in Verbindung. 1929 nimmt er als Vertreter der französischen Juden an dem „Council of the Jewish Agency" teil. Seine unermüdliche Arbeit für das Judentum wurde öffentlich durch die Ehrung anerkannt, daß eine neugegründete jüdische Kolonie in Galiläa seinen Namen erhielt.

Blums große Beredsamkeit, seine schiedsrichterliche Geschicklichkeit und die jüdische Solidarität garantieren seinen Aufstieg in der Partei, deren Führer er bald wurde. Nach der Trennung des linken Flügels unter Führung des Juden Zyromski, der sich zur III. Internationale bekennt und der auch die „Humanité“ folgt, gründete Blum den „Populaire“.

Trotz mancher siegreichen Kartellwahlen lehnte Blum die Beteiligung an einem bürgerlichen Koalitionskabinett ab, bis er 1936 das Ministerpräsidium durch den Zusammenschluß der sozialistischen und kommunistischen Regierungen unter der Bezeichnung „Volksfront-Regierung“ errang. Nach $1^1/_2$ Jahren stand das Land vor seinem Zusammenbruch und die schlimmen Krisen erzwangen seinen Rücktritt. 1938 kam er noch einmal an die Macht, die aber nach kaum einem Monat wieder zusammenbrach.

Heute ist Blum ein wirksamer Opponent der Regierung. Eifrig intervenierte er für eine militärische Unterstützung Rotspaniens. Er suchte in Tardieu, wie dieser selbst erklärte, einen zweiten Clémenceau, der den Gedanken des Kampfes gegen den Pangermanismus aufrecht erhalte. Sein Deutschenhaß wurde von der Anteilnahme seiner verfolgten Stammesgenossen gespeist, die er öffentlich auf den Tagungen der Lica vertritt:

> „In einem großen europäischen Lande, in mehreren europäischen Ländern sind Hunderttausende von Juden heute zu einem bedauernswerten und dem schrecklichsten Los verdammt. Wird man sie — wenn auch ausgeplündert — aus den Gefängnissen herauslassen? Ich weiß es nicht. Ich bin auch dessen nicht sicher. Ich bin gar nicht sicher, ob der Rassenhaß nicht entschlossen ist, diese Sklaven und Geiseln zu behalten, trotz allem ... In Frankreich werden wir mit allen erdenklichen Anstrengungen niemals zu diesem Begriff der Rassenidee kommen. Wir können einen Bretonen und einen Provencalen nicht gleich beurteilen.“ (5)

Blums Kriegshetze hat neben den allgemeinen jüdischen Interessen auch einen sehr persönlichen Grund. Er ist Hauptaktionär der Compagnie „Blum, Montel und Co.“, die Triebstoffe aller Art bisher nach Rotspanien lieferte. (6)

S.F.J.O. und die Volksfront.

Die Sozialistische Partei mit ihrem Führer Léon Blum ist eine Sektion der II. Internationale (S.F.J.O. = Section Française de l'Internationale Ouvrière). Unter den 155 Abgeordneten in der Kammer sind 60 Juden oder jüdisch versippt. Von den führenden Partei-Bonzen sind als Juden zu benennen: Bernard Lecache, Präsident der Lica; Victor Basch, Präsident der Liga für Menschenrechte; Moch, Minister für öffentliche Arbeiten im 2. Kabinett Blum; Blumel, Grumbach, Lang, Rosenfeld, Emile Kahn, Bloch, Lussy (Ruff), Zyromski, der den linken Flügel der Partei führt.

Léon Blum gelangte mit seiner Partei 1936 an die Macht. Die von ihm als Ministerpräsidenten aufgestellte sogenannte Volksfront-Regierung war eine fast rein jüdische Angelegenheit.

Von den 90 Mitgliedern der Regierung waren 40 Juden. Sie besaßen folgende einflußreiche Stellungen:

Ministerpräsident:

Léon Blum;

Kabinettsmitglieder:

Jules Moch, Generalsekretär,
André Blumel, Kabinettsdirektor,
Heilbronner und Grunebaum, Balin, Sonderberater,
Picard-Moch und Mireille-Osmine, Sekretärinnen für besondere Angelegenheiten;

Staatssekretär:

Mumberg;

Unterstaatssekretäre für auswärtige Angelegenheiten:

Oliver Wormser, René Hoffner, Blum, Picard;

Minister ohne Portefeuille:

Assistent des Ministers Chautemps, der Jude Jean Schuler;

Justizministerium:

Assistenten des Ministers: Weil und P. Rodrigues;

Innenministerium:

Bechoff, R. Salomon, Cahen-Salvador, J. L. Dreyfus;

Finanzministerium:

Weil-Raynal, Simsen-Picard;

Ministerium für Erziehungswesen:

Minister Jean Zay; Kabinettschef Marcel Abraham, sowie die Juden Huisman, Moerer, Welhof, Mme. A. Weil, Mme. J. Chaskin und Mme. Brunschwieg;

Marineministerium:

Veil, Gregh, Chef des Kabinetts;

Landwirtschaftsministerium:

R. Lyon, R. Kiefe, Unterstaatssekretär R. Weil;

Arbeitsministerium:

J. F. Dreyfus, Moatti;

Postministerium:

H. Grimm, Chef des Sekretariats, Paul Didkowski;

Ministerium für öffentliches Gesundheitswesen:

Mme. Wusler;

Unterstaatssekretariat für körperliche Ertüchtigung:

Jean Eudlitz, Chefadjutant;
wissenschaftliche Untersuchungen: E. Welhoff;
technische Lehrfächer: Marcel Leser, Louis Gros;
Freizeit: Fuzier, Mme. Lagrange;

Luftfahrtministerium:

Dekeyser;

Kolonialministerium:

M. Nathan. (13)

Die Auswirkungen einer solchen Regierung sind gar nicht abzuschätzen. Die Regierungsvertreter waren zugleich führende Juden im Handel, in der Wirtschaft und im Finanzwesen. Sie haben infolgedessen die goldene Zeit der Volksfront ausgenützt, um ihre eigenen Interessen durchzusetzen. Nur so ist das ungeheure Ausmaß der heutigen Verjudung der großen Gesellschaften aller Art, der Großbanken, der staatlichen Wirtschafts- und Handelsunternehmen zu erklären, die in einem besonderen Kapitel zusammengestellt sind.

Die jüdische Volksfrontpolitik mußte naturgemäß zu einem inneren Zusammenbruch des Landes führen. Der Staatshaushalt schloß mit einem Defizit von 24 Milliarden Francs und ihr einziges großes Unternehmen, die Pariser Weltausstellung, brachte einen Verlust von 240 Millionen Francs. Auf der anderen Seite stieg der Brotpreis um beinahe das Dreifache.

Trotz dieser katastrophalen Fehlschläge wagte die Volksfront, eine Erklärung abzugeben, in der es hieß:

> „Die Volksfront des Pariser Bezirks, welche durch die antisemitische Bewegung, die sich in gewissen Kreisen, insbesonders im Pariser Bezirk und in Elsaß-Lothringen, zeigt, erschüttert ist, warnt die Pariser Bevölkerung vor den Provokateuren und Agenten Hitlers in Frankreich.
>
> Sie fordert, daß die Regierung Zeitungen verbietet, welche zum Mord aufrufen, und erklärt, daß in den ernsten Stunden, die wir durchleben, die Einigung der demokratischen Kräfte notwendig ist, um dem internationalen Faschismus, dem Urheber von Krieg und Elend, den Weg zu versperren.
>
> Sie erinnert daran, daß seit 1789 Frankreich keinen Unterschied zwischen Franzosen und Juden gemacht hat, und daß sie in unserem Lande die Einführung von Sitten, welche die sogenannten totalitären Staaten entehren, nicht gestatten wird.

Wenn die Franzosen aber nicht fähig sind, mit den Juden Schritt zu halten, die ihre Stellen auf allen Gebieten, angefangen mit den Fabriken bis zur Regierung einnehmen, so kommt das daher, weil der Jude begabter ist, und infolgedessen ist es richtig, daß er die Franzosen beherrscht und leitet, die ihrer Aufgabe nicht gewachsen sind." (7)

Dennoch führt die Volksfront heute nur noch ein Scheindasein. Sie ist in ihre alten Parteien zerfallen, nachdem der groß angekündigte Generalstreik am 30. November fehlschlug. Die judengegnerische Presse verteilte im Dezember 1938 ein Flugblatt folgenden Inhalts:

„Die Todesanzeige der Volksfront.

Der „Temps" meldete, daß anläßlich der Anwesenheit Léon Blums in Lille zur Feier des Todestages von Roger Salengro in alle Briefkästen der Hauptstadt Flanderns eine Traueranzeige geworfen wurde.

Wir bringen hier den Text dieses humorvollen Dokuments:

Herr Blum, der Vater;

Herr Karfunkelstein (Vater des Herrn Léon Blum), der Großvater;

Alle Stämme Israels und der Freimaurer, ihre Brüder und Vettern;

Die Eindringlinge und Stalin, ihre hingebungsvollen Beschützer,

haben die Ehre, Sie von dem schmerzlichen Verlust in Kenntnis zu setzen, den sie erlitten haben in der Person der

Volksfront,

die im Alter von drei Jahren am 29. Oktober 1938 in Marseille traurig ums Leben gekommen ist.

Und sie bitten Sie, der großen Trauerkundgebung beizuwohnen, die zu Ehren der Verschiedenen am 13. November 1938 stattfinden wird, wo in einem melancholischen Leichenbegängnis alle ihre Freunde Herrn Blum folgen werden, der eigens in unsere Stadt kommen wird, um ihr das letzte Geleit zu geben.

Bedauern Sie es nicht." (8)

Die jüdische Fehlpolitik hatte auch eine Rückwirkung auf die S.F.I.O. In einer ehemaligen Festung der Partei, Rochefort, wurde Blum von seinen einstigen Anhängern mit Vorlesungen aus seinem Buche „Über die Ehe" empfangen und ausgepfiffen. Auf Grund solcher Belehrungen scheint es Blum vorerst vorzuziehen, seine Regierung in Vergessenheit geraten zu lassen. Für ihn ist ein Jude in der Führung des Landes zur Zeit nicht ratsam. Auf einem Parteitag entspann sich zwischen ihm und seinen Anhängern folgende Wechselrede:

„Sind Sie sicher, daß Ihnen nicht morgen ein Teil der öffentlichen Meinung sagen würde: Sie denken doch nicht an eine Volksfront-Regierung und was würde aus unseren Beziehungen zu Deutschland? Sie riefen eben: ‚Blum an die Macht!' Dieser Ruf hat im Augenblick keine sehr große Bedeutung. Aber wird es möglich sein, ohne dies Land einem weiteren ‚wird-es-möglich-sein' auszusetzen, einen Sozialisten an die Macht zu bringen? — Ja, ja, antwortet die Menge. Es gibt eine Frage, die ich stelle: wird es noch möglich sein, einen Juden an die Macht zu bringen? — Ja, ja, antwortet noch die Menge." (14)

So stützt sich Blum mit seiner Partei kräftig auf die Juden. Indem er für ihre Interessen eintritt, kann er sich auch in die außenpolitischen Angelegenheiten einmischen, wie ein Aufruf seiner Partei zeigt:

„Die Partei tadelt die antisemitischen Umtriebe, die gleichzeitig töricht und unmenschlich sind.

Erinnert daran, daß der Hitlerismus mit dem Antisemitismus begonnen hat, um anschließend die Sozialisten, Kommunisten, Republikaner, Pazifisten, Katholiken und Protestanten zu treffen.

Warnt alle diejenigen, die fortfahren wollen, ihre politischen oder religiösen Meinungen aufrecht zu erhalten vor dieser Propaganda, die Hitler nachahmt und von ihm inspiriert ist,

und verlangt, daß allen französischen Bürgern, die im Elsaß wohnen, die Sicherheit und Achtung garantiert werden, welche die Erklärung der Menschenrechte versprochen und die Gesetze sichergestellt haben." (12)

Die ganze Arbeit Blums erhält eine schlaglichtartige Beleuchtung in seiner Rede auf dem Weihnachtsparteitag 1938. Er hatte dem Kongreß eine kriegshetzerische Resolution vorgelegt, in der die Rede von einer „Revanche für die Niederlage Frankreichs in München" war. Ein Teil seiner Anhängerschaft unter Führung Paul Faure lehnt die Entschließung ab, indem er erklärte, den Frieden von München einem Krieg vorzuziehen. Blum hetzte aber zum Krieg und konnte seinen Antrag bei der Abstimmung durchdrücken. In der Rede hieß es:

„Was einen ideologischen Block anbelangt, so sehe ich nur einen: den Block Deutschland-Italien-Japan, einen Block, der durch bestimmte Verpflichtungen verbunden ist, die wir nicht kennen — ideologisch verbunden, durch den Antikommunismus. Bilden die anderen Nationen einen Block? Um offen zu sprechen: ich würde es wünschen. Man darf den Ausdruck des ideologischen Blocks nicht unbedacht gebrauchen, denn es ist ein Ausdruck, den die totalitären Staaten benutzen.... Dieser agressiven Macht Konzessionen zu machen – hieße das nicht, ihre Kräfte steigern und ihr alle Möglichkeiten zu eröffnen?" (9)

Blum führte in der gleichen Rede weiter aus, daß es Sache der Sozialistischen Partei sei, die nationale Energie in Frankreich und den Geist des Widerstandes gegen Unterdrückung und Unrecht neu zu beleben.

„Ich bin ein Mensch", rief er aus, „dessen ganze Existenz der Kampf für den Frieden ausgefüllt hat. Aber Ihr werdet die totalitären Staaten nicht überzeugen können, wenn Ihr sie nicht zuerst davon überzeugt, daß sie das größte Interesse daran haben, nicht einen Krieg zu riskieren. Ich bin derselbe geblieben, der ich war, derjenige unter uns, der am meisten für den Frieden getan hat. Aber ich kann nicht umhin, die Wahrheit der gegenwärtigen Situation zu sehen." (10)

Die kommunistische Partei.

Durch Léon Blum ist die kommunistische Partei eng mit der sozialistischen vereinigt. Noch am 6. November 1938 trat Blum für sie ein, indem er der radikal-sozialistischen Partei das Recht bestritt, die Kommunisten aus der Volksfront auszuschließen. Die sozialistische Partei, so erklärte er, werde sich niemals in ein antikommunistisches Fahrwasser hineinziehen lassen. Die Kampfgemeinschaft zwischen Sozialisten und Kommunisten sei unabänderlich.

Die kommunistische Partei, die sich 1920 von der sozialistischen abgespaltet hatte, um zur Sektion der III. Internationale ausgerufen zu werden, ist heute mit 73 Abgeordneten im Parlament vertreten. Von ihnen sind insgesamt 40 Juden oder jüdisch versippt. Unter den führenden jüdischen Kommunisten sind zu nennen: Haymann, ehemaliger Hauptschriftleiter der „Humanité", Sekretär der kommunistischen Parlamentsmitglieder, zur Zeit Mitglied des Zentralrates und Stadtrat von Paris. Galpérine, genannt Levasseur, Führer der sozial-kommunistischen Gottlosenvereinigungen, Kabmanovitsch, genannt Dr. Caron, Dr. Levy, Abraham, Benda, G.-R. Bloch, Friedmann, Mosse, Nizan, Frau Cachin, Frau Vaillant, Courturier, geborene Vogel.

Die kommunistische Partei, die durch die enge französische Verbindung mit U.S.S.R. tonangebend im Lande geworden ist, hat in den Jahren von 1932 bis 1937 ihre Mitgliederzahl von 25 000 auf 304 916 erhöht und bildet damit die zweitstärkste Partei Frankreichs. Der eigentliche Machtfaktor der Partei sind aber ihre Gewerkschaften, die unter dem Namen C.G.T. (Confédération Générale du Travail) zusammengeschlossen sind.

In ihr sind die Arbeiter des Baugewerbes, des Transportwesens, des Nahrungsmittelshandels, der chemischen und Metallindustrie organisiert. Mit der Beherrschung der kommunistischen Partei und damit der C.G.T. besitzt das Judentum ein bedeutungsvolles Instrument, in die Innenpolitik des Landes einzugreifen. Das beliebteste Mittel ist der Generalstreik. Zur Finanzierung solcher Unternehmungen verfügt die C.G.T. über 8 860 000 Francs neben 50 Millionen an Immobilien in Paris. Auf der anderen Seite sind die Syndikate der C.G.T. bevorzugte Schlüsselstellungen, mit denen es sich in das wirtschaftliche Leben des Landes einschaltet.

Als die blutigste Machtprobe, die die kommunistische Partei in Frankreich unternommen hat, ist das Blutbad in dem Pariser Vorort Clichy im April 1937 zu verzeichnen.

Es galt damals, die nationalen Kräfte mit Gewalt niederzuschlagen, die sich gegen die durch das Judentum geleitete Politik der Radikalen Partei erhoben. Die Organisation der „Arbeiter-Milizen" in jenem Straßenkampf leitete der Jude Weitz. 30 Tote, 200 Verletzte und eine gestürzte Regierung waren das Ergebnis. Die Niederlage, die der Partei durch den Zusammenbruch des Generalstreiks am 30. November 1938 bereitet wurde, scheint schon wieder überwunden zu sein. Das bezeugt am deutlichsten die Wahl des kommunistischen Duclos zum Vizepräsidenten der Kammer. Nationale Kreise bezeichnen Mandel als den Verantwortlichen, dem in Abwesenheit des Ministerpräsidenten der Coup gelang.

Sozial-Radikale Partei.

Die augenblickliche Regierungspartei machte von der Verjudung der übrigen Parteien keine Ausnahme. Ihr Vizepräsident ist Jacques Kayser, Sekretär der Abgeordneten in der Kammer ist Jammy-Schmidt. Jean Zay, der augenblickliche Kultusminister, wie auch der Ministerpräsident, zählen zu ihren Mitgliedern. Weitere bekannte Parteijuden sind: Mendis France, Unterstaatssekretär im Ministerium Blum, Levy Alphandéry, Bürgermeister von Chaumont, Leon Meyer, Bürgermeister von le Havre, Salomon Hirsch, Zousmann, Rosenthal, Alb. Kahn, Pfeiffer, Alexandre, Israel.

> „Unter den 52 Abgeordneten von der „Fédération de la Seine" auf dem Kongreß von Marseille befanden sich: Frau Krizskovsky, die Herren Mostorov, René Kahn, Frau Salomon, die Herren Schlegel, Beer, Horowitz, Morgenstern, Haas, Wahl, André Cahen, Albert Hecker, Ed. Lévy, Albert Smolinsky, Marius Ullmann, Scémania, Simonov, Frau Brunschwig, die Herren Midlarsky, Emelik, Idzkovsky, Raym-Deutsch, Roger Dreyfus und Lévine.
>
> Die drei Frauen, welche die Frauengruppe der radikal-sozialistischen Partei leiten, heißen: Schreiber-Crémieux, Kraemer-Bach und Brunschwig." (11)

U.S.R. (Union Sozialistes et Republique) – frühere Paul Boncour-Gruppe.

Präsident: Frossard – Halbjude – ehemaliger Arbeitsminister im Kabinett Daladier; Hauptleiter ist Paul Huysmann. U. a. ist bekannt Eduard Jouas, Antiquitätenhändler und Leiter des Museums Cognacque-Zay in Paris.

Auch in den Rechtsparteien sind Juden vertreten. In der Kammer befinden sich Achille Fould und Wallach. Der ehemalige Radikalsozialist Mandel zählt sich gleichfalls zu den Rechten.

Die nationale Partei: P.S.F. (Oberst de la Roque) und P.P.F. (Doriot) haben in ihren Reihen Juden: Schwob d'Héricourt, Bloch, Abramsky, Lévy, Bertrand de Jouvenel.

X. Der jüdische Einfluß auf die Regierung Daladier.

Das Judentum ist unter dem Ministerpräsidenten Daladier nur durch zwei Minister vertreten: Mandel, von dem schon die Rede war, und Jean Zay, Kultusminister. Die übrigen Minister sind teils von einem feinen jüdischen Netz umgeben oder gar direkt vom Judentum abhängig.

Der Präsident der Republik bedient sich des Juden Lucien Hannoum als unmittelbaren Mitarbeiter. Ministerpräsident Daladier gehört dem Ehrenkomitee der Liga für Menschenrechte an. Auf dem Bankett der Lica am 26. November 1938 ließ er sich durch seinen Generalsekretär vertreten. Der unter Vorsitz von Blum tagenden Lica stellte er einige staatliche Sender zur Verfügung. Daladier wird als ein Strohmann des jüdischen Bankiers Rothschild angesehen. Der Ackerbauminister steht unter Einfluß des Mehlfabrikanten — Bankier und Senator L. L. Dreyfus. Der Luftfahrtminister Guy la Chambre ist streng überwacht von dem Juden Beschoff, seinem Kabinettschef. Der Wirtschaftsminister Pâtenotre hat zum technischen Beirat den Juden Hervé Alphand. Der frühere Finanz-, jetzige Justizminister Marchandeau hatte zum Kabinettschef den Juden Robert Weill-Raboud. Der jetzige Finanzminister ist Paul Reynaud. „Er ist von den Juden lanciert worden, die ihre Franken in eingetragene Papiere loswerden wollten, um für kommende Ereignisse nur noch Gold und Dollar zu haben." Seine zu dem Zweck auf dem französischen Markt rein künstlich geschaffene Bewegung hat eine Abströmung von französischen Papieren ermöglicht und eine starke Kapitalabwanderung nach U.S.A., Schweden und Monaco verursacht. Der Innenminister Sarraut hat als Chefadjutanten seines Sekretariats den Juden P. Wiehn; der Marineminister Campinchi, im Ehrenkomitee der Liga für Menschenrechte und Mitglied der Lica, hat als parlamentarischen Attaché den Juden C. Veil. Der Kabinettsdirektor des Ministers der öffentlichen Gesundheitspflege ist der Jude René Weil. Sein technischer Berater ist der jüdische Arzt André Cavaillon. Der ehemalige Arbeitsminister Paul Ramadier besaß als Kabinettschef den Juden Pierre Moatté, der Nachfolger Ramadiers, der Halbjude Frossard, wählte sich zum Attaché den Juden Robert Salomon. Der Kabinettschef des jetzigen Arbeitsministers ist der Jude Cahen-Salvador. Wie weit der Postminister Julien unter jüdischem Einfluß steht, beweist ein Zwischenfall im Sender „Eiffelturm". In einer Sendung: „Die Ursprünge der Literatur: Mahomet nach alten Dokumenten" brachte man auch das dem großen Propheten zugeschriebene Wort: „Traut nicht den Juden! Das sind Verräter! Sie sind es, die mich verraten haben!

Sie haben mich vergiftet!" Die Liga für Menschenrechte protestierte beim Postminister gegen diese Sendung. Der Minister beeilte sich, festzustellen, daß Mahomet diese Worte im Delirium gesprochen habe. Im übrigen habe der Sender vor einiger Zeit auch eine Sendung über Moses gebracht, in der die Juden verherrlicht worden waren. Um weitere Unannehmlichkeiten zu ersparen, ordnete er an, „Sendungen zu unterlassen, die geeignet seien, die Leidenschaften zu erhitzen, und Sendungen von der Art des Mahomet einer besonderen Prüfung zu unterziehen".

Im Sekretariat des Kammerpräsidenten befindet sich der Jude Henri Mayer. Der Vizepräsident der Kommission für Auswärtige Angelegenheiten in der Kammer heißt Salomon Grumbach (Jude).

Es ist also für die französische Regierung bemerkenswert, daß die Juden stets in der Zwischenstellung zu finden sind. Als Kabinettsdirektoren sind sie in der Lage, von allen Fragen des Ministeriums Kenntnis zu erhalten. Darüber hinaus können sie durch Zurückhaltung von Akten die Haltung eines Ministers entscheidend beeinflussen. Ihre Tätigkeit vollzieht sich hinter den Kulissen und darum werden sie weniger angefochten. Dieser Grund und ihre erworbenen technischen Erkenntnisse geben die Erklärung für die auffällige Tatsache, daß sie stets auf ihren Posten bleiben, mögen die Minister auch noch so oft wechseln.

Was für die Ministerien gilt, trifft auch für die übrigen staatlichen Behörden zu, um hier nur einige bedeutende zu nennen. In der „Ecole libre der politischen Wissenschaften" wirken die Juden Baumgartner und Jacques Rueff. Im Prüfungsausschuß der Finanzen sind neben den beiden eben Genannten folgende Juden anzutreffen: Hervé Alphand, der Sohn des ehemaligen sowjetrussischen, nun schweizerischen Gesandten, J. F. Bloch-Laine, Vertreter der Bank Lazare, Robert J. Labbé. Im Conseil d'Etat sitzt u. a. als Vertreter der Rothschilds der Jude René Mayer. In dem staatlichen Aufsichtsrat für Banken und Straßenwesen sind die Juden Louis Lion, Ferdinand Mayer, Raymond Schwob, Eugen Weiß. Leiter für öffentliche Arbeiten in Algerien ist der Jude Balensi. In der staatlichen Körperschaft der Grube (Corps des Mines) sitzen die Juden: Raymond Gerr, Eduard Glaser, Pierre Oppermann und Weise. In den staatlichen Manufakturen findet man die Juden Emile Cohen und Ernest Weyl. Generaldirektor der Sozialversicherung ist Jacques Ferdinand Dreyfus.

Beim Völkerbund wird Frankreich durch die Juden: Sylvaine Dreyfus, René Mayer, Frau Dreyfus-Barney usw. vertreten, sowie durch den Juden Robert Haas, Direktor im internationalen Sekretariat des Völkerbundes.

Der Gerichtshof (Magistrature) liegt gänzlich in jüdischer Hand. Ihm gehören an: als erster Präsident Dreyfus; als Präsidenten: Bloch, P. Massé, Terrès, Balensi, Oulmann, Rappoport, Hesse, Renmark, L. Blum, Netter, Brunswick. Für Paris allein sind: Amtsgerichtsräte (conseiller) die Juden Meyer, Alphandery, Kahn, Dreyfus; Präsident: Dreyfus; Vizepräsident: Hirsch. Der Conseil d'Etat, der höchste Gerichtshof und die letzte Instanz, hat als Richter die Juden Helbronner, Grunebaum, Cahen-Salvador, Seligmann, P. Lévy, Leon Baum, A. Heilbronn, Valensi, Mayer, Meyer, Sée, Picard usw.

Im Handelsgerichtshof (Tribunal de Commerce) sind folgende Juden anzutreffen: Nordmann, Weill, Kahn, Bloch, Levy, Oulmann, David usw. Leiter der Gerichtspolizei, die die Untersuchungen der begangenen Verbrechen anstellt, ist der Jude Meyer. Stellvertretender Leiter der Pariser Stadtpolizei und gleichzeitig Generalsekretär des Innenministeriums ist der Jude Cahen-Salvador. In der Kabinettsleitung des Präsidenten des Pariser Stadtrates sitzt der Jude René Weiß. Der Vizepräsident der Vereinigung der Bürgermeister von Frankreich heißt Lévy-Alphandéry, Abgeordneter und Bürgermeister von Chaumont.

Den deutlichsten Beweis ihrer Abhängigkeit vom Judentum gab die Regierung mit dem Pressegesetz vom 25. April 1939, mit dem sie jede antisemitische Äußerung durch die Presse unterband. Das Gesetz lautete:

> „Der Präsident der Republik ordnet auf den Bericht des Ministerpräsidenten, Ministers der nationalen Verteidigung, Kriegsministers, des Vizepräsidenten des Ministerrats, des Siegelbewahrers des Justizministers, des Innenministers und des Kolonialministers hin in Anwendung des Pressefreiheitgesetzes vom 29. Juli 1881, und
>
> in Anwendung des Gesetzes vom 19. März 1939, welches der Regierung besondere Ermächtigung erteilt, nach Anhörung des Ministerrats an:
>
> Art. 1: Die Artikel 32 und 33 des Gesetzes vom 29. Juli 1881 über die Pressefreiheit werden wie folgt ergänzt:
>
> Art. 32: Die Beschimpfung von Einzelpersonen durch eine der im Art. 23 und 28 genannten Mittel wird mit Gefängnis von 5 Tagen bis zu 6 Monaten bestraft und mit einer Geldstrafe von 25 bis 2000 Franken oder nur mit einer dieser beiden Strafen.
>
> Die Beschimpfung durch dieselben Mittel einer Gruppe von Personen, die durch den Art. 31 des betreffenden Gesetzes nicht genannt sind, die aber durch ihre Herkunft zu einer bestimmten Rasse oder Religion gehören, wird mit Gefängnis von 1 Monat bis zu 1 Jahr und mit einer Geldstrafe von 500 bis 10 000 Franken bestraft, wenn sie zu dem Zweck erfolgt ist, Haß zwischen den Bürgern oder Bewohnern zu erregen.
>
> Art. 33: Die Beleidigung durch dieselben Mittel, erfolgt gegen Körperschaften oder Personen, die in den Artikeln 30 und 31 des genannten Gesetzes bezeichnet sind, wird mit Gefängnis von 6 Tagen

bis zu 3 Monaten und mit einer Geldstrafe von 18 bis 500 Franken bestraft oder nur mit einer der beiden Strafen.

Die Beleidigung derselben Art gegen Einzelpersonen, falls ihr nicht Provokation vorangegangen ist, wird mit Gefängnis von 5 Tagen bis zu 2 Monaten und mit einer Geldstrafe von 16 bis zu 300 Franken oder nur mit einer der beiden Strafen bestraft. Die Höchstgrenze der Gefängnisstrafe beläuft sich auf 6 Monate und die der Geldstrafe auf 5000 Franken, wenn die Beleidigung mit dem Ziel, den Haß zwischen Bürgern oder Bewohnern zu erregen, einer Gruppe von Personen zugefügt worden ist, die durch ihre Herkunft einer bestimmten Rasse oder Religion angehören.

Wenn die Beleidigung nicht öffentlich erfolgt ist, wird sie nur mit der im Artikel 471 des Strafgesetzbuches vorgesehenen Strafe geahndet.

Art. 2: Der § 2 des Artikels 60 des vorgenannten Gesetzes vom 29. Juli 1881 wird wie folgt abgeändert:

„2. Im Falle von Beschimpfungen von Einzelpersonen, vorgesehen durch den Artikel 32, und im Falle der im Artikel 33, § 2, vorgesehenen Beleidigung wird das Verfahren nur auf Klage der beschimpften oder beleidigten Person eingeleitet. Trotzdem kann das Verfahren von Amts wegen durch das Staatsministerium eingeleitet werden, wenn die Beleidigung oder Beschimpfung gegen eine Gruppe von Personen, die durch ihre Herkunft einer bestimmten Rasse oder Religion angehören, zum Ziel hat, Haß zwischen den Bürgern oder Bewohnern zu erregen."

Art. 3: Dieses Gesetz wird der Bestätigung der Kammern gemäß den Bestimmungen des Gesetzes vom 19. März 1939 unterworfen werden.

Art. 4: Der Präsident des Ministerrats, Minister der nationalen Verteidigung und Kriegsminister, der Vizepräsident des Ministerrats, der Siegelbewahrer, Justizminister, der Innenminister und der Kolonialminister sind mit der Ausführung dieses Gesetzes jeder auf seinem Gebiet beauftragt. Die Veröffentlichung erfolgt im „Journal officiel" der französischen Republik.

Wortlaut des Gesetzes, welches sich gegen die ausländische Propaganda wendet:

Art. 1: Wer mittelbar oder unmittelbar, in welcher Form und zu welchem Zweck es auch sei, von außerhalb Propagandamittel erhält und eine politische Propaganda betreibt, wird mit einer Gefängnisstrafe von 6 Monaten bis zu 5 Jahren und mit einer Geldstrafe von 1000 bis zu 10 000 Franken bestraft.

Alle Mittel, die zu dieser Gesetzesübertretung gedient haben, werden beschlagnahmt werden; das Urteil wird von Fall zu Fall ihre Beschlagnahmung, Aufhebung oder Vernichtung bestimmen. Das Gericht wird außerdem für die Dauer von wenigstens 5 und höchstens 10 Jahren ganz oder teilweise die bürgerlichen, privaten und Familienrechte, die im Artikel 42 des Strafgesetzbuches verzeichnet sind, absprechen können.

Art. 2: Wer vom Auslande unmittelbar oder durch eine Mittelsperson Geldmittel erhält, die die Vergütung für eine Reklametätigkeit darstellen, muß im Laufe von 8 Tagen, vom Zahltag an gerechnet, bei der Polizeibehörde seines Wohnorts und in Paris beim Polizeipräsidium davon Anzeige erstatten, unter Androhung einer Geldstrafe von 100 bis 1000 Franken, ohne Wirkung der im Artikel 1 dieses Gesetzes aufgeführten Strafen, falls ihre Anwendung zutreffen würde.

Ein Gesetz wird die Ausführungsbedingungen des vorliegenden Artikels bestimmen." (1)

XI. Die Verjudung des französischen Wirtschafts- und Handelslebens.

Großbanken.

Die größte Rolle für das kommerzielle Leben in Frankreich spielen die großen Privatbanken. Sie sind durch ein feines Netz mit den Handels- und Industrie-Unternehmungen durch Kapitalsanlagen und in Form von Krediten und Beteiligungen eng verstrickt und beherrschen sowohl die Politik als auch die Gewinne der Unternehmen. Äußerlich macht sich das durch die Einrichtungen von Syndikaten, die eine Art Aufsichtsrat über die Industrie darstellen, bemerkbar. Ergänzt wird diese jüdische Vormachtstellung noch durch die gewerkschaftliche Bindung der Arbeiter an die C.G.T. Der jüdische Einfluß bei der Beteiligung an einem großen Grubenunternehmen zum Beispiel ist also doppelt gesichert: Einmal durch das Geld der jüdischen Banken, zum anderen durch die Beherrschung der Bergarbeiter in der C.G.T. Die Großbanken schalten sich auch in staatliche Großunternehmungen ein, wie Eisenbahnen, Kanalbau und so fort. Dabei kommt ihnen die Stellung ihrer Rassegenossen in der Regierung zugute, wenn die Bankiers nicht selbst dort vertreten sind. Das Büro der Effektenbörsen (Bourse des Valeurs) setzt sich aus folgenden Juden zusammen: Ehrenpräsident: Jean Goldschmidt; Vizepräsidenten: David Bloch, Crémieux, Paul Levy; Schatzmeister: Roger Blum; Sekretäre: Troller und Koppehoff.

Die rein jüdischen Privatbanken sind:

Bank Propper & Cie.
Bank Jacques Gunzburg & Cie.
Bank Daniel Dreyfus
Bank O. Bemberg
Bank Thalmann
Bank Louis Dreyfus
Bank Séligmann
Bank Raphael & Cie.
Bank Mirabaud (Filiale der Rothschild)
Bank Lazard Fréres
Bank H. Worms & Cie.
Bank A. Worms & Cie.
Bank A. J. Stern
Bank Heine & Cie.
und die wichtigste von allen: die Bank Rothschild.

Von diesen jüdischen Großbanken sind zum größten Teil die Kreditanstalten, Depositenkassen und Darlehensbanken abhängig.

Die Kreditanstalten, die aus den alten französischen Bezirks- und Familienbanken hervorgegangen sind, denen der kleine Sparer sein Geld anvertraute, stehen vorwiegend unter jüdischer Kontrolle:

Crédit Lyonnais:

Einer der beiden Eigentümer ist mit einer Verwandten der Juden Euphrussi und Rothschild verheiratet.

Comptoir National d'Escompte:

wird teilweise von Rothschild kontrolliert. Einer ihrer Leiter ist der Jude Bechmann.

Société Générale:

wird von einem Vertrauensmann des Juden Finaly, André Benac, verwaltet, einem ehemaligen Generalberater der radikalen Sozialistischen Partei und Kabinettschef des Juden Raynal. Die Filiale der Gesellschaft, die C.A.L.J.F., wird von einem nahen Verwandten der Pereire, Marcel Champin, verwaltet.

Crédit Commercial de France:

wird von den Juden J. Lantz und Mercier verwaltet.

Banque Nationale du Commerce et de l'Industrie:

hat zum Leiter den Juden Salomon, verwaltet wird sie von dem Juden Piére Lantz von der Bank Adam, verbündet mit dem Juden Lyon von der Société Pleyel.

Société Marseillaise de Crédit Industrie et Commercial:

Im Verwaltungsrat sind die Juden Faustin-Jouet-Pastré (von der Familie Pastré, die mit Goldschmidts und Rothschilds verbunden ist); Alfred Oppermann (von der Compagnie de Suez) und Jean Thierry, dessen Bruder französischer Gesandter in Bukarest und der mit der Jüdin Nadine von Rothschild verheiratet ist. (1)

Die Geschäftsbanken (Banques d'affaires) haben die Aufgabe, Geschäftsgründungen zu finanzieren oder in Geldnot geratene Unternehmungen zu unterstützen. So wurde die große jüdische Automobilfirma Citroen mit Hilfe des Juden Finaly von der Banque de Paris et des Pays-Bas wieder flott gemacht. Es wurden überteuerte Wertpapiere der Gesellschaft Citroen auf den Markt geworfen und auf diese Weise die kleinen Sparer betrogen.

Die Bank des Juden Finaly ist die bedeutendste und berüchtigste unter den Geschäftsbanken. Sie kontrolliert eine große Anzahl zentral- und osteuropäischer Banken, die gesamte marokkanische und zum Teil rumänische

Wirtschaft, insbesondere die Petroleum-Industrie. 1934 und 1935 unternahm Finaly mit dem Getreidejuden Dreyfus ertragreiche Schiebungen, indem er rumänisches Getreide durch Zwischenlandung in Marokko marokkanisch machte, um es so erheblich günstiger nach Frankreich einzuführen. Horace Finaly gilt als Bankier der Volksfront und Finanzberater Léon Blums.

Neben dieser ausgesprochen jüdischen Geschäftsbank besteht noch die Union Parisienne. Angeblich steht sie unter protestantischem Einfluß, verwaltet aber wird sie von dem Juden Louis Lion. In der Banque Ottomane sind die Juden Finaly und Bechmann wiederzufinden. Als Geschäftsbanken in jüdischer Hand oder Kontrolle sind weiter zu nennen: Banque des Payes de l'Europe Centrale mit Sir P. Bark, Gatte der Jüdin Behr, und die Juden Grueneberger, J. May und Otto Niemeyer; die Banque Française et Italienne pour l'Amérique du Sud, unter Einfluß der Bank Finalys; Bank Hypothécaire franco-argentine, mit dem Juden David Weill von der Banque Lazard; Banque Franco-Japonaise mit dem Juden Baron N. de Gunzburg und Deutsch von der Meurthe mit den Juden Hirsch und Brodsky und dem Grafen de Saint-Sauveur.

Die Darlehens- und Depositenbanken haben die Aufgabe, Unternehmern und Industriellen Geld zu leihen und Vorschüsse auf Wertpapiere zu geben. Die drei größten und wichtigsten sind in jüdischer Hand.

Caisse générale de prêts foncières et industriels:

(Allgemeine Kasse für Grund- und Industrie-Darlehen):

wird von dem Juden Georges Mendelssohn von der Bank Thalmann & Cie. verwaltet.

Crédit mobilier industriel:

wird geleitet und verwaltet von den Juden F. J. Bloch-Lainé, von der Bank Lazard, P. David-Weill, Ch. Mannheimer und G. Wormser (Mitglied des jüdischen Zentral-Konsistoriums).

Union industrielle de crédit:

zählt zu ihrem Verwaltungsrat die Juden Henri Cahen und Jean Maroyer von der Bank Lazare.

Banken zweiten Ranges.

Société Parisienne de Banque, mit den Juden Schuhmann, R. Lehmann und A. Singer. Banque Adam, mit dem jüdischen Grafen Raoul de Licci und den Juden P. Lantz und Jean Rheims, Schwiegersohn von Louis Dreyfus. Banque Transatlantique, der die Juden R. Fould, H. Bloch, S. Propper, L. Mayl-Lambert, E. Adler und M. W. Archanwski angehören.

Genossenschaftsbanken.

Union financière pour l'industrie électrique, kontrolliert von den Juden E. Mercier und Mayer von der Bank Rothschild, sowie Robert Hecker. Société Financière Electrique wird von den Juden E. Mercier, R. Hecker und David Weill verwaltet. Société Centrale pour l'Industrie Electrique, mit den Juden R. Hecker, E. Weyl und A. Heilbronn. Crédit Electrique mit den Juden R. Masse, P. David Weill und Rosenberg. Union pour l'Industrie et l'électricité wird von den Juden E. Mercier, J. Maroger, von der Bank Lazard, Hecker und Emile Level, sowie Weyl verwaltet. Union européenne industrielle et financière mit den Juden Weyl und L. Lion. Crédit National: das Anleihekomitee besteht aus den Juden R. Berr, H. Cahen, Ch. Fould und E. Mercier. Direktor ist Baumgartner. Crédit Foncier Franco-Canadien: Vorsitzende sind die jüdischen Grafen Cahen d'Anvers und Moise de Camondo.

Versicherungswesen.

Das Fehlen an staatlichen Sozialversicherungen und ähnlichen Einrichtungen gibt dem Versicherungswesen eine besondere Bedeutung. Es ist mit der jüdischen Hochfinanz eng verbunden, da es neben seiner Stellung eine ebenso sichere Kapitalsanlage wie hohe Gewinne bietet. An großen Versicherungen werden die folgenden von den Juden beherrscht.

Die älteste französische Versicherung „Nationale" wird verwaltet von Robert von Rothschild und F. Moreau. Im Verwaltungsrat der „Assurances Générales" sitzt Edouard von Rothschild, Präsident des jüdischen Konsistoriums von Frankreich. Diese beiden großen Gesellschaften sind mit der „Phénix" und „Union" verbunden. Insgesamt beträgt der Gesamtbesitz dieser Gesellschaften fünf Milliarden Francs.

Die kleineren Versicherungsgesellschaften zeigen einen ähnlichen Grad der Verjudung. „Abeille" mit dem Juden Mortje, spr. Mortier. „Prévoyance" steht unter der Kontrolle der jüdischen Bank „Stern", deren einer Direktor Leiter der Gesellschaft ist. Der Vorsitzende des Verwaltungsrates ist der Jude Paul Mayen. Sein Sohn Jean Mayen ist Verwalter. „Union et le Phénix Espagnol" werden verwaltet von den Juden Alfred Pereire und René Mayer. „Alliance régionale de France" wird kontrolliert von der Bank Propper. „Concorde" mit dem Juden E. Morpurgoj. „Réunion": Vorsitzender der Jude Schwob d'Hericourt; Verwalter die Juden F. Bemberg und H. Citroen. „Réassurances" mit dem Juden Cahen d'Anvers. „Seine et Rhône" mit den Juden René Bernheim, dem Groß-Immobilienkaufmann des Pariser Bezirks.

Die jüdischen Energietruste.

In den großen Gas-, Wasser- und Elektrizitätsgesellschaften sind eine beträchtliche Anzahl der im Bankwesen genannten Juden wieder anzutreffen. Diese großen Gesellschaften werfen durch ihren täglichen Umsatz erhebliche Gewinne ab. So kann es nicht Wunder nehmen, daß der jüdische Anteil an den aufgeführten Unternehmungen sehr groß ist. Die auffälligste Erscheinung dabei ist, daß ein jüdischer Bankier oft zugleich in mehreren Gesellschaften als Präsident, Vizepräsident oder Leiter vertreten ist und sich so an den Gewinnen mehrerer Gesellschaften beteiligt.

Comp. Parisienne de Distributation d'Electricité (C.P.D.E.):

Vizepräsidenten sind die Juden L. Lion und E. Mercier. Unter den übrigen jüdischen Geschäftsführern sind R. Mayer von der Bank Rothschild und F. Meyer zu nennen.

Comp. d'Electricité de l'ouest Parisien:

Vorsitzender: Ernest Mercier.

Comp. Centrale d'Energie Electrique:

Beauftragter Geschäftsführer: Rosenwald und G. Schwob d'Héricourt.

L'Univers Electrique et Financière:

Beauftragte Geschäftsführer: die Juden J. Paraf und P. Masse.

L'Union Houlière et Electrique de Centre:

R. Mayer von der Bank Rothschild.

F. Chaux-Werke:

J. Paral ist beauftragter Geschäftsführer. Außerdem Franck.

Comp. Générale des Eaux:

Edgar Stern.

Comp. des Eaux de la Banlieu de Paris:

R. Mayer von der Bank Rothschild.

Comp. Générale du Gaz:

Vorsitzender: E. Stern; Präsident: Robert Ellissen. Außerdem die Juden M. Stern, Graf Moise de Camondo und J. Ellissen.

Comp. du Gaz et des Eaux de Tunis:

Präsident: S. Propper; Rechnungskommissar: M. Propper.

Société d'Eclairage, Chauffage et Force motrice:

wird von dem Juden E. Stern verwaltet. Société Lyonnaise des Eaux von Ernst Mercier; Société du Gaz et de l'Eclairage de Marseille: Präsident: A. Oppermann. Société Gaz et Eaux: Vizepräsident: S. Propper. In der Comp. de Gaz et l'Eclairage, in der Société de Gaz von Paris, und in der Comp. du Matériell d'Usines à Gaz ist der Jude Robert Ellissen Geschäftsführer. (1)

Transportwesen.

Einen ebenso einträglichen Gewinn wie die Energiegesellschaften bringen auch die Transportgesellschaften ein, die nur zum geringen Teil staatlich sind. Schon seit dem Aufkommen der ersten Eisenbahnen hat sich das Judentum an dem Ausbau beteiligt. Deshalb befindet sich auch heute noch der überwiegend größte Teil der Eisenbahngesellschaften in jüdischer Hand. Der Präsident des Komitées der Eisenbahnnetzdirektion Frankreichs war vor der teilweisen Verstaatlichung der Jude Edouard Rothschild. In der an Stelle des Komitées gegründeten Société des Chemins de fer sind die Juden René Mayer, Piére Getten Piére Thierriez und Grünbaum-Ballin vertreten, neben Jacques Rueff, dem Generaldirektor der Kapitalbewegung (mouvement des Fonds). Aron ist Generalinspektor für Brücken- und Straßenwesen.

Comp. d'Alsace et Lorraine:

Israel, Präsident der Handelskammer in Straßburg; Mitglieder des Eisenbahnnetzverwaltungsrates: Becker und Lévy.

Comp. de l'Est:

Baron James von Rothschild und der Jude Mortier.

Staatliche Eisenbahngesellschaft:

Sylvain Dreyfus ist Generalinspektor der Brücken- und Straßen, Vorsitzender des Generalrates für Brücken- und Straßenwesen und des Obersten Rates für öffentliche Arbeiten. Heilbronner, Staatsrat und Vizepräsident des Zentral-Konsistoriums, daneben Mitglied des Eisenbahnnetzverwaltungsrates.

Comp. du Nord:

Seit ihrer Entstehung unter Kontrolle der Rothschild. Baron Edouard ist Vorsitzender des Verwaltungsrates, R. Mayer, Vizepräsident; die übrigen Mitglieder sind die Brüder Anthona, Guy, Henry, James Lionel und Robert Rothschild. Beratender Chef-Ingenieur ist Abraham.

Comp. d. Ch. d. F. Wassy et Saint-Dizier:

Vorsitzender: Edouard von Rothschild.

Comp. d. P. L. M.:

Leiter: Baron Robert von Rothschild.

Comp. d. Ch. d. F. de Provence:
Vorsitzender: Jacques Stern.

Chemin d. Fer de Saint-Etienne-Firminy-Rive-de-Gier und Chemin d. Fer rotues d'Algerie: gemeinsamer Leiter der Jude Jean Paraf.

Comp. des Chemins d. F. du Maroc:
wird von Rothschild kontrolliert.

Comp. de l'Indo-Chine et du Junnan:
Leiter der Jude Jacques Fould.

Straßenbahngesellschaft von Paris und des Seine-Departements: steht unter Kontrolle des Juden Siegfried Propper.

Auch das übrige Verkehrs- und Transportwesen ist stark verjudet. Der Vereinigte Frachtenverkehr wird von den beiden jüdischen Leitern Daniel Dreyfus und Graf Jean Pastré von der Bank Daniel Dreyfus verwaltet. Daniel Dreyfus ist auch bei der Comp. Navigation Sud-Atlantique wieder anzutreffen. In der Comp. Générale Transatlantique sitzt der Jude Baumgartner als Verwalter. In der Comp. Industrielle du Matériel de Transport ist als Verwalter der Jude Mathieu Gouchaux tätig. Präsident der Comp. Fluviale d. Transports et Remorquage ist der Jude E. Cahen. Die Comp. pour la Navigation sur le Rhein verwalten die Juden H. Bloch und Levy. Die Comp. Générale de Transports Maritimes à vapeur verwaltet A. Oppermann. Die Société Air France, eine der größten Flugzeuggesellschaften Europas, wird von den Juden Daniel Hagenau, Réné Mayer, P. L. Weiller, verwaltet. In Algier vertritt das jüdische Haus Worms die Air France. Vorsitzender der Comp. aérienne francaise ist der Jude Cahen d'Anvers. (1)

Die Juden in der Kriegsindustrie.

Bei der Kriegserklärung 1914 saßen in der Kommission der Direktion des Komités der Hüttenwerke die beiden Juden Léo Lewy und Alphonse Fould, Präsident und beauftragter Verwalter der Hauts Fourneaux, Forges et Fonderies, Verwalter der Comptoieres de Longwy. Léon Lewy verwaltete die Comp. des Forges de Chatillon-Commentry, Neuves Maisons und saß ebenfalls im Comptoir Longwy. Außerdem war er Präsident der Chambre syndicale der Kriegsmaterialfabrikanten. Auch heute ist der jüdische Anteil an der Rüstungsindustrie beachtlich. Dadurch erhält die scharfe Kriegshetze bestimmter jüdischer Kreise eine einfache Erklärung.

Neben den jüdischen Kapitalsanteilen bei den Schneider-Wendel-Werken sind folgende Juden als Großfabrikanten zu nennen: Citroen, der neben Autos und Lastkraftwagen insbesonders Tanks, Geschosse und Torpedos herstellt. Ihm und Rosengart gehören auch die großen Taxi- und Rundreisegesellschaften. Die Geschütze liefert der obengenannte Lewy, der die Fabriken von Commentry besitzt. Gewehre, Patronen, Maschinengewehre, Bomben, Granaten usw. stellt der Jude Basil Zaharoff. Die Gasmasken werden von der Société d'Etudes et de Construction du Material de Protection hergestellt; sie steht unter Leitung der Juden Braun und Frank. Kriegsgase werden von den Juden Klotz, Mannheimer, Weil und Berr erzeugt.

Hinzu kommen die Nickel-, Kupfer- und Eisen- sowie die chemischen Bergwerke, die sich in jüdischer Hand befinden und weiter unten genannt werden. In der Flugzeugindustrie hat das Judentum sogar einen Konstrukteur, Bloch, aufzuweisen. Hier die Bilanz seiner Konstruktionen im Herbst 1938: Die „Bloch 210", zweimotorige Maschine, „Gnome" und „Rhone 14 N" hatten 19 tödliche Unfälle zu verzeichnen. Das Jagdflugzeug „Bloch 150" erwies sich als unbrauchbar. Die zweimotorige „Bloch 200" sollte eine Geschwindigkeit von 300 Kilometer erzielen. In Wirklichkeit ist es verboten, mit ihr 190 Kilometer zu übersteigen, damit nicht die Flügel abbrechen. So stellt ein französisches Blatt fest, aus dem diese Angaben entnommen sind: „Ein Jude gewinnt Millionen, indem er französische Soldaten tötet." Diese blutigen Erfahrungen konnten es dennoch nicht verhindern, daß in einer neu errichteten Flugzeugfabrik in Nantes zwei Juden als Berater des Leiters hinzugezogen wurden, E. Hymans aus Holland und A. E. Oppenheimer aus Deutschland.

Der jüdische Anteil an der chemischen Produktion Frankreichs.

Die jüdische Beteiligung an der chemischen Industrie und an den Bergwerken entspricht der Verjudung der bisher behandelten Unternehmen. Bei den Mines d'Ostricourt ist der Jude L. Javal, bei den Mines de Vicoigne Noeaux et Drocourt der Jude Paul Weiß, bei den Mines de Carmaux der Jude M. Pereire, bei den Minerals de Mokta el Hadid und der Société du Djebel-Djerissa die Juden Louis und David Reigbeder, bei den Produits chimiques, Mines de Potasse de Blodelsheim der Jude Raymond Berr, und bei Asturienne des Mines der Jude Pereire und der Jude Baron de Gunzburg. Die Pottasche-Produktion kontrolliert Georges Levy.

Auch die Erdölerzeugnisse sind zum größten Teil in jüdischem Besitz. Die „Bank von Paris und den Niederlanden", die dem Juden Finaly gehört, kontrolliert folgende Unternehmungen: Standard Oil, Steaua Romana, Steaua Francaise, Omnium International des Pétroles, Columbia, Société Française des Pétroles, la Standard Franco-Américaine, die Société Franco-Américaine de Raffinage, die Société Economique, die Comp. Générale des Petroles von Marseille.

Der Jude Mercier ist Präsident und Verwalter der Cie. française des pétroles, der auch die Juden Cahen-Fuzier, Jahan, Raphael Salem und Paul Weiß angehören. Mercier ist ebenfalls Präsident und Verwalter der Omnium international des Pétroles, der die Juden Lévy-Strauß, R. Salem und Maurice Stern angehören. Die gleiche Stellung nimmt Mercier auch in der Steaua Française ein. Im Verwaltungsrat der Petroleumabnehmer sitzt der Jude M. Bauer, der gleichfalls in der Raffinerie de Pétrole du Nord arbeitet, zusammen mit den Juden Brunschwig, Cahen-Fuzier und Paul Weiß. (2)

XII. Der französische Handel ist eine jüdische Domäne.

Seit seinen Anfängen wird das Handelsleben in seinen verschiedenartigen Erscheinungen vom Judentum besonders bevorzugt. In Frankreich unterstützten diese Tendenz die günstigen Gegebenheiten, die sich aus politischen Situationen und günstigen Einstellungen ergaben.

Innerhalb seiner kontinentalen Grenzen beherbergt Frankreich heute nach Feststellung des Außenministers Bonnet rund 3½ Millionen Ausländer. Wenn die zahlreichen Naturalisierungen seit dem Waffenstillstand hinzugenommen werden, kommt auf 10 Franzosen 1 Ausländer. Die Fremdlinge kosten den steuerpflichtigen Parisern 143 Millionen Francs, dem ganzen Lande aber fast 1 Milliarde im Jahr. (1)

Von den 3½ Millionen Fremden sind nach französischen Schätzungen mehr als 1 Million Juden. Sie besitzen ein doppeltes Betätigungsfeld. Einmal gründen sie als Organisatoren Gesellschaften, die dem Händler und Handwerker durch Krediterleichterungen bei der Einrichtung von Geschäften helfen wollen. Sie tragen Namen wie: Les amis des travailleurs, Comité du droit d'asyl, oder weniger offen: Crédit coopératif de commerce et de l'artisanat, deren Geschäftsführer z. B. Maurice Churinski, Israel Szuldiner, Bruno Verlowitz und andere sind.

Solche Gesellschaften finanzieren die Neugründungen von Geschäften der Emigranten, die bald den französischen Händler und Handwerker durch ihre skrupellosen Geschäftsmethoden vernichtet haben. Sie selbst aber melden, wenn sie genug verdient haben, ihren Konkurs an, den sie mit entsprechendem Gewinn abschließen. Durch solche Machenschaften kommen dann Zahlen zustande wie diese:

> 1932 machten die Bankrotte und Liquidationen der Emigranten 18,5 vom Hundert aus.
>
> 1933 stieg ihr Anteil auf 22,4 vom Hundert und
>
> 1935 sogar auf 25,5 vom Hundert.

Trotz der glücklichen Zeit der Volksfrontregierung, in der das Judentum in die Handelsgerichte eindrang, betrug der Anteil der Emigranten 1936 noch 25 vom Hundert. Dieser Zustand hat sich in den folgenden Jahren wenig geändert.

Die Vernichtung des mittelständischen Kaufmannes geschieht durchaus im Sinne der jüdischen Volksfrontpolitik, deren Sprecher Léon Blum im „Populaire" vom 29. Dezember 1932 schrieb:

„Die kleinen Kaufleute stellen soziale Anachronismen dar; sie sind dazu verurteilt zu verschwinden, und es ist sowohl für sie selbst als auch im Interesse des Verbrauchers gut, daß sie verschwinden."

18 000 französische Geschäfte sind als Opfer dieser Politik 1938 in der Region Paris zu verzeichnen gewesen. (2)

Die größte Konkurrenz dabei machte die „Einheitspreis-Unternehmung" des jüdischen Konsortiums Horst Muz aus. Es gibt in Frankreich davon 300, von denen jedes einzelne 5 Millionen verdient. Sie treten an die Stelle der französischen mittelständischen Geschäfte, neben ähnlichen jüdischen Großunternehmungen. Die Lebensmittelgeschäfte, Restaurants und Hotels z. B. sind ein ausschließliches Monopol der jüdischen Gesellschaft Potin, die über ganz Frankreich ein Netz von G. m. b. H. mit ihren zahlreichen Filialen spannt.

Das ist die zweite Hauptaufgabe der jüdischen Händler. Sie dringen in die ausschlaggebenden Organisationen und Verwaltungsstellen, sowie auch in die großen Handelsunternehmungen. Auf diese Weise sind sie imstande, die nationale Handelspolitik zu Gunsten ihrer Geschäfte zu beeinflussen. Die beiden Hauptbetätigungszentren sind Paris und das Elsaß:

Die Handelsbörse in Paris, als die Spitzenorganisation, zeigt folgende Versammlung: für Mehl ist L. L. Dreyfus zuständig, Milliardär, Senator und Generalkonsul von Rumänien, ein Posten, der einer Getreidepolitik in Frankreich sehr zu Gute kommt; für Gran und Konserven die Juden Bloch und Zidransky; für Alkohole und Weine: Hesse und Ch. Israel; für Korn, Mehle, Zucker u. a.: J. Israel, Kammerer, L. Lazare, Levy, R. L. Lévy; für Syrup und Zucker: A. Kahn; für Öle, Schmalze und Zucker: Hausmann und J. Levy usf. Als Wucherer bilden die sogenannten „Juridischen und fiscalischen Berater" die schwarze Börse; der jüdische Anteil ist 40%. Die Vermittler für In- und Export sind zu 50% Juden. In Paris und in der Provinz haben sie 75% der größten An- und Verkaufsunternehmungen in Immobilien. (3)

Die gewerkschaftliche Vereinigung der Makler der Handelsbörse stand 1937 unter dem Ehrenpräsidium von Jean Goldschmidt. Ihr Präsident war Jacob Israel; Vizepräsident David Bloch, A. Crémieux, E. Herel, Laul Lévy; Schatzmeister Roger Blum, Sekretäre G. Troller und Kopeloff. Die Chambre syndicale für Rundfunkreklame weist die Juden Louis Merlin als Vorsitzenden, Bleustein als Vizepräsidenten und Louis Kahn als Generalsekretär auf. (4)

Die Berichterstatter der Kommission der Zollrevision sind: Moch, Dreyfus und Nathan. Das nationale Komité für Preisüberwachung hat folgende Zusammensetzung:

Präsident: M. Millon, früherer Sekretär der Conféderation générale du travail;

Generalsekretär: M. Cahen-Salvador, vom Conseil d'Etat;

Mitglieder: M. Dreyfus, für den Handels- und Finanzminister; Nathan, für die Volkswirtschaft; Blum-Picard, für die Bergwerke; Moch, für die öffentlichen Arbeiten; Nathan-Cahen, für die Kolonien. 6 Juden von 7 Mitgliedern. (5)

Der Präsident der französischen Handelskammer ist M. Heiligenstein. Daraus ergibt sich, daß die wichtigsten staatlichen und handelspolitischen Einrichtungen Frankreichs in jüdischen Händen sind.

Aber auch die Unterorganisationen werden von Juden beherrscht. Es sind die Chambre syndicale, die eine Art von berufsständischen Kammern mit z. T. staatlichen Befugnissen darstellen.

Die Chambre syndicale für Getreide-, Mehl- und Mühlengenossenschaft hat als Präsident Jean Goldschmidt, als Vizepräsidenten Martin Bloch, Georges Delpeux und Jules Haegel, als Schatzmeister Jacob Israel. 90% der Makler für Bodenerzeugnisse an der Pariser Handelsbörse sind Juden. Das zeigt, daß die gesamte Getreidepolitik von den Juden beherrscht wird. Die Auswirkungen hat sowohl der Hersteller als auch der Verbraucher zu spüren.

Gegen Ende der Ernte wird durch die Nachrichtenbüros eine gute Ernte bekanntgegeben. Die Folge ist, daß der französische Bauer sein Getreide billig absetzt. Sobald das Getreide von den jüdischen Händlern aufgekauft worden ist, verbreiten die gleichen Nachrichtenbüros die Nachricht von einer Mißernte. Dadurch steigen die Kornpreise entsprechend, und der jüdische Händler hat sein Geschäft gemacht. Nachdem der französische Bauer durch solche Machenschaften mehrmals getäuscht wurde, erfanden die jüdischen Getreidespekulanten im vorigen Sommer einen neuen Trick. Gegen Ende der Ernte wurde die Nachricht verbreitet, daß riesige Getreideankäufe in Argentinien getätigt worden seien. Das hatte eine Senkung des französischen Kornpreises zur Folge. Sobald der jüdische Getreidehändler das französische Korn aufgekauft hatte, verstummten die Meldungen von dem Rieseneinkauf, und das Getreidegeschäft war für den jüdischen Händler wieder einmal gewinnbringend.

Solche Machenschaften erklären das Ansteigen der Preise des französischen Brotes in den letzten Jahren um das Dreifache. Dabei erstickt Süd-Frankreich nach einer Meldung einer Bauernzeitung aus Lyon im Getreide.

Für die übrigen Handelssparten sind insbesondere zwei Zentren festzustellen, in denen der jüdische Anteil auffallend stark ist. In Paris, das als Herz von Frankreich alles Leben in sich vereint und das eigentliche Frankreich verkörpert. Auch hier hat sich das Judentum in den Schlüsselstellungen, wie auch in den Handelsgeschäften selbst eingeschaltet. Das Büro der Chambre syndicale der Makler setzt sich aus folgenden Juden zusammen: Präsident:

Jacob Israel; Vizepräsident: André Cremieux, David Bloch, Paul Levy; Schatzmeister: Roger Blum; erster Sekretär: Roger Cohen. Ehrenvorsitzender der Kammer ist Jean Goldschmidt. (6)

Neben dem Getreidehandel ist das Geschäft mit Diamanten und Pelzen zu 90 % in jüdischem Besitz. Es gibt in Paris nicht weniger als 1200 jüdische Pelz- und Fellhändler. Die Fabrikation und der Verkauf von Möbeln ist gleichfalls zu 90 % verjudet. (Levitan und Galeries Barbés). Goldschmiede, Juweliere und Optiker werden zu 75% von Juden gestellt. (7)

Der Großhandel in Mützen, Neuheiten und Seidenwaren wird zu 50% von Juden beherrscht. Die gleichen Gruppen im Einzelhandel sind zu 60% jüdisch. Der Schuhhandel sowohl im Groß- wie im Einzelhandel wird zu 60–70% von den Juden beherrscht, während die Hemden- und Hutfabrikation, sowie die gesamte Konfektion zu 70–75% jüdisch ist. Den gleichen Anteil nehmen die Juden am Schneiderhandwerk. Mode- und Schönheitsartikel kommen zu 70–85% aus jüdischen Händen.

Der Großhandel im Tuchgeschäft ist zu 90–97% verjudet. Die Strumpfwirkerei und der Kurzhandel en gros sind zu 98 %, der Einzelhandel zu 70 % jüdisch.

Die Vertreter des Kaufmannsstandes im Elsaß sind zu 70 % Juden. Im Elsaß, dem anderen jüdischen Zentrum, hat sich die schon von jeher starke jüdische Bevölkerung seit 1918 durch einen großen Zuwachs aus Deutschland und Polen erheblich vergrößert. Nach dem Kriege setzte eine Bewegung innerhalb des Judentums ein. Die auf dem flachen Lande ansässigen Juden zogen in die Kleinstädte und die Juden der Kleinstädte ließen sich in den größeren Städten nieder. Der Handel aber ist im Elsaß eine fast ausschließliche jüdische Domäne. Auch hier ist zunächst festzustellen, daß die Juden in den handelswichtigen staatlichen wie gewerkschaftlichen Einrichtungen eine führende Rolle spielen. Der Präsident der Straßburger Handelsbörse ist der Jude Edmond Israel, der gleichzeitig im Aufsichtsrat des Elsaß-Lothringenschen Eisenbahnnetzes sitzt. Vizepräsident ist Isaac Bloch jun., gleichzeitig Delegierter der Rheinschiffahrtsgesellschaft. Die Hauptgesellschaft für den Getreidehandel „Costimex" ist jüdisch. Hauptaktionär ist Achille Baumann, Direktor Jules Israel, Verwalter Paul Bloch. Sie unterhält eine in Stadt und Land verzweigte Organisation jüdischer Getreidehändler, sodaß der Getreidehandel ein jüdisches Monopol ist. Das größte Mühlwerk des Elsaß gehört den jüdischen Familien Levy-Baumann, neben Großmühlen in Corbeil, Pantin, Lyon, Marseille u. a. m. Der Hopfenhandel mit Hagenau als Zentrum ist zu mehr als 90 % jüdisch. Das Gleiche gilt auch für den Viehhandel. Den bedeutendsten Viehhandel betreiben die Gebrüder Levy. Das Maklergeschäft für Immobilien in Stadt und Land ist in jüdischem Besitz.

XIII. Die Agenturen.

Die französischen Nachrichtenagenturen besitzen ein großes Verbreitungsgebiet. Die außerfranzösische Presse nimmt einen großen Teil ihrer Nachrichten direkt von solchen Agenturen. Dadurch erhalten die Nachrichtendienste eine überragende Stellung, weil ihre Meldungen eine internationale Bedeutung besitzen und demzufolge die Beziehungen der Länder untereinander beeinflussen können.

Dieser Rolle bedient sich das Judentum in Frankreich zur Wahrung seiner politischen und wirtschaftlichen Weltinteressen. Aber auch für die innenpolitische Entwicklung besitzt die Agentur einen unschätzbaren Wert. Das Judentum hat mit ihrer Beherrschung die Möglichkeit, mit der Presse von oben her einheitlich in breitester Form das Volk zu beeinflussen. Arthur Mayer vom „Gaulois", der Duellgegner Drumonts, riet einmal einem Franzosen:

> „Stützen Sie sich auf keine Zeitung, weder auf den „Gaulois" noch auf eine andere; setzen sie aber Ihren Fuß um allen Preis in eine oder mehrere Agenturen. Die Agentur gestattet eine geleitete, anonyme Beeinflussung; niemand kümmert sich darum, und sie ist eine umso sichere Waffe."

Mayer erklärte, daß 3—4 internationale Telegraphenagenturen die Welt wie mit einem Spinnennetz umschließen. Sie zählen die großen Kapitalisten zu ihren Gesellschaftern und können nicht anders als den großen, finanziellen und politischen Interessen dienen.

Seitdem der Jude dies Wort sprach, haben die Juden eine besondere Form der Beeinflussung entwickelt: die Falschmeldungen.

Havas.

Die älteste und bedeutungsvollste Agentur ist Havas. Sie ist seit ihrer Gründung ein jüdisches Unternehmen. 1835 wurde sie von dem sephardischen Juden Charles Louis Havas gegründet. Unter ihren früheren Mitarbeitern befanden sich der Jude Bernhard Wolff, der 1849 eine eigene Agentur, das Wolff'sche Telegraphenbüro (W.T.B.) gründete. Das gleiche Jahr brachte auch die Gründung der dritten jüdischen Weltagentur, ebenfalls durch einen Juden: Josaphat Beer, genannt Reuter.

Havas entfaltete rasch ein weites Betätigungsfeld. Von dieser Arbeit schrieb schon Balzac 1840:

„In Paris, rue Jean-Jacques Rousseau, besteht ein Büro, das von Herrn Havas geleitet wird, früherer Bankier, früherer Besitzer der „Gazette de France', früherer Mitteilhaber eines Unternehmens zur Auswertung der von Napoleon erteilten Erlaubnisscheine zur Zeit der Kontinentalsperre. Herr Havas hat viele Regierungen gekannt; er ist mehr für Tatsachen und weniger ein Anhänger von Grundsätzen; auch hat er allen Verwaltungen mit gleicher Treue gedient. Wenn die Persönlichkeiten wechseln, so weiß er, daß der Geist niemals wechselt, und daß die Richtung, die der öffentlichen Meinung gegeben werden soll, immer die gleiche ist.

Herr Havas hat eine Agentur, an deren Verbreitung niemand ein Interesse hat, weder die Ministerien, noch die Zeitungen der Opposition. Deshalb unterhält Herr Havas in der ganzen Welt seine Korrespondenten; er erhält als erster alle Zeitungen aus sämtlichen Ländern des Erdballs. Auch wohnt er rue Jean-Jacques Rousseau, gegenüber dem Postamt, um auch nicht eine Minute zu verlieren.

Alle Zeitungen von Paris haben aus Sparsamkeitsgründen auf Ausgaben verzichtet, welche Herr Havas um so mehr im großen Stil tätigen kann, als er nun ein Monopol besitzt. Alle Zeitungen, die nun der Mühe enthoben sind, wie früher, ausländische Zeitungen zu übersetzen und Agenten zu unterhalten, unterstützen Herrn Havas mit einem monatlichen Betrag, um von ihm zum bestimmten Termin die Nachrichten aus dem Ausland zu erhalten.

Ohne ihr Wissen und aus sicherer Quelle erhalten die Zeitungen nur das, was der erste Minister sie veröffentlichen lassen will.... Wenn es sich um 20 Zeitungen handelt und der Durchschnitt ihres Abonnements mit Herrn Havas 200 Franken betragen würde, so erhält Herr Havas 4000 Franken im Monat. 6000 erhält er vom Minister. Verstehen Sie jetzt die trostlose Gleichförmigkeit der ausländischen Nachrichten in allen Zeitungen? Jede färbt weiß, grün, rot oder blau die Nachricht, welche Herr Havas, der „Maître Jacques", der Presse sendet.

In dieser Hinsicht gibt es nur eine Zeitung, die von ihm verfaßt wird und aus deren Quelle alle Zeitungen schöpfen.

Herr Havas, die Vorsehung der Pariser Zeitungen, ist auch diejenige der Provinzzeitungen. Fast alle Provinzblätter gehören Druckern der Verwaltung, und um ihre Druckereien zu behalten, müssen sie dem Herrn Präfekten ergeben sein, und der Herr Präfekt fragt den

Herrn Innenminister, was in seinem Departement gedacht werden soll .....

Herr Havas ist der geheime Geschäftsführer der Departements-Korrespondenz, auf Grund der 6000 Franken im Monat. Also — gibt es ebenso wie in Paris auch in der Provinz nur e i n e Zeitung. Herr Havas ist der Strohmann des Ministeriums. Das ist der Mechanismus dieser riesigen Maschine, die man „Journalismus" nennt. Das ist so einfach wie eine Bratmaschine, Presse, die ein Pudel dreht."

1879 wurde die Agentur Havas in eine Aktiengesellschaft umgewandelt, deren Hauptaktionär der Jude Baron Erlanger war, der wiederum von den Emporkömmlingen Hirsch und Arthur Mayer unterstützt wurde.

Der heutige Beherrscher der Havas ist der Jude Jacques Stern, der im vorigen Jahr 20 000 Aktienteile der Havas-Aktien aufkaufte. Stern, erst seit 1902 Franzose, wurde 1914 zum erstenmal in die Kammer gewählt. 1930 war er Unterstaatssekretär im Kabinett Steeg, um unter dem Ministerpräsidium Sarrauts 1933 Marineminister und 1936 Kolonialminister zu werden. Im gleichen Jahr war er auch an dem 800-Millionen-Kredit für die U.S.S.R. beteiligt, mit dessen Abwicklung die internationale jüdische Großbank Seeligmann betraut wurde, zu der Stern in mehrfacher verwandtschaftlicher Beziehung steht. Durch den Besitz der meisten Havas-Aktien hat Stern den größten Einfluß im Aufsichtsrat der Gesellschaft, das heißt, Stern leitet die Havas-Agentur. Die Bedeutung dieser Stellung für das Judentum erklärt in vollem Maße ein französischer Publizist, der von den Aufgaben und der Tätigkeit der Agentur schrieb:

„Die Havas-Agentur hat nach ihren Statuten die Aufgabe, sich mit allem zu beschäftigen, was Information und Reklame angeht, d. h., sie kann sich ebenfalls für alle Angelegenheiten des Telegraphen, des Telefons und der Elektrizität interessieren, die sich weder mit Telegramm- noch mit Nachrichtenausgaben beschäftigen; ferner für alle Reklamemittel, insbesondere für die Reklame, die ganz oder zum Teil durch den Verkauf der angepriesenen Erzeugnisse bezahlt wird; ferner kann sie sich mit der Auswertung aller Zeitungen beschäftigen, welche zu gründen oder zu kaufen sie für nötig erachtet, oder für die sie irgendein Interesse hat." (1)

Auf Grund dieser vielseitigen Interessen kontrolliert die Havas die „Compagnie Française de Radiophonie", „Compagnie d'Exploitation des Grandes Marques", „L'Agence Havas Belge", „Société Nouvelle de Publicité", die „Les Annales" und „La Revue des Deux Mondes" gepachtet hat, „Dam-Publicité", „Crédit Publicité", „L'Agence Parisienne Hemet, Jep et Carré", „Periodiques-Publicité", „Société Européenne de Publicité, „Affichage du Conseil Municipal", „La Compagnie Européenne du Ticker" (Ticker-Dienst), der eine Zweiggründung von Wolff, Reuter und der Schweizer Telegraphen-Agentur darstellt, den Sender Radio-Paris, das Reklame- und Anzeigewesen von 200 Provinz-Zeitungen und mehrere große Pariser Tageszeitungen.

Die Agentur Havas ist mit der französischen Propaganda im Ausland und in den Kolonien beauftragt. Sie erhält zu dem Zweck jährlich dreißig Millionen vom Außenministerium. Die Auswirkungen dieser ungeheuren jüdischen Machtzentrale umreißt ein französisches Blatt mit den Worten:

> „Durch ein Telephongespräch kann die Havas eine Pressekampagne – rechts oder links – eröffnen, eine Börsenpanik, eine plötzliche Volkserhebung hervorrufen, eine diplomatische Verwicklung schaffen, eine Regierung stürzen."

Den weitaus folgenschwersten Versuch, einen diplomatischen Konflikt hervorzurufen, unternahm die offiziöse Havas-Agentur in den schicksalhaften Septembertagen 1938:

Am 24. September verbreitete Havas aus Prag die Meldung: Deutschland hat in Godesberg neue Vorschläge übermittelt, die bei weitem das übertreten, was die tschechische Regierung anzunehmen sich bereit erklärt hatte. Angesichts dieser Lage hat die tschechische Regierung die Mobilmachung beschlossen. In Wirklichkeit ist die Mobilmachung aber schon am 23. erklärt worden. Die Havas-Meldung sollte die Unterredung in Godesberg torpedieren. Die neuen deutschen Vorschläge sind erst am 25. September durch den britischen Vertreter übergeben worden. In den gleichen Tagen meldete die Agentur angeblich schwere Unruhen in den Industriegegenden Deutschlands, sowie auch eine gar nicht stattgefundene deutsche Mobilisation.

Die wichtigen Ressorts der Agentur sind von Juden besetzt. Zensur der Auslandstelegramme führt de Grunsburg aus; Israel, genannt Hirsch, ist Chef des Nachrichtendienstes, Schumann, ein Vetter Blums, verfertigt die Berichte für die ausländische Presse, Alary steht im Dienste des Außenministeriums, Pravatiner, genannt Arnold Yoxe, ist mit der Berichterstattung für den „Quai d'Orsay" betraut – um nur die wichtigsten Ämter zu nennen.

Fournier.

Die zweitwichtigste der Nachrichten-Agenturen Frankreichs ist die Agentur Fournier, die von den Juden Bollack, Mayer, Nathan, Weill und Lévy, dem Leiter der Agentur von Straßburg, beherrscht wird. Robert Bollack, der Präsident der Agentur, verfolgt die gleichen Tendenzen und Methoden wie die jüdische Havas. Seine Arbeit wird durch einen Offenen Brief enthüllt, den der ehemalige Leiter der Agentur Fournier, Jean Fontenoy, an ihn richtete:

„Mein lieber Bollack,

am Mittwoch, den 14., haben wir unseren vollkommenen Mangel an Übereinstimmung festgestellt. Daraufhin haben Sie in Ihrem Schreiben, in welchem Sie mir eine andere Art der Zusammenarbeit vorschlugen, einen derartigen Mangel an Verständnis für meinen Standpunkt gezeigt, daß ich ihn genauer darlegen muß.

Sie haben die Nachrichten-Agentur Fournier wieder aufgenommen. Es bestand schon in Frankreich Havas, Regierungs-Agentur und Rundfunk-Agentur. Alle beide sind subventioniert. Alle beide sind tendenziös und haben verwandte Tendenzen, da unsere Regierung in der Auslandspolitik die Volksfront weiterhin einhält: alle beide anti-Hitler, für Moskau, anti-Beck, für Barcelona, anti-Burgos, für Eden, anti-Mussolini usw.

Sonderbare Sache, die einen in bezug auf den Sinn der Franzosen für die Freiheit skeptisch macht: sie haben keine reine „Nachrichten"-Agentur. Außer der Ausgabe von Nachrichten haben die Agenturen nur ein einziges Ziel: die Politik der Regierung zu verfolgen.

Ein Beispiel? Da Frankreich mit dem Kreml verbündet ist, werden den Sowjets mißliebige Nachrichten gemildert. Japan ist mit Deutschland verbündet — infolgedessen wird die Wahrheit zu Gunsten von China verbogen. Ebenso wurde eine italienische Katastrophe in Abessinien vorhergesagt. Ebenso wird niemals vorausgesagt, daß das Kabinett gestürzt werden kann.... Vor allen Dingen aber ergreifen Sie Partei in der Außenpolitik der anderen Länder: Sie ließen kürzlich Roosevelt etwas sagen, was er nicht gesagt hatte — — und erinnern Sie sich an Havas, die Jughes 1916 wählte....

Als ich bei Fournier am 1. Juni eintrat, war diese Parteilichkeit akut in bezug auf die tschechischen Nachrichten; jahrelang hatte man nicht von den Sudetendeutschen gesprochen, und man fuhr so fort. (Genau, wie man früher die österreichischen Nationalsozialisten für nichts ansah.)

Mein Grundsatz ist im Gegenteil, daß man sagen muß, w a s wirklich i s t, und denjenigen Dingen Wichtigkeit beimessen muß, die sie haben — selbst wenn es Daladier erschüttert. Man muß Nachrichten wie Waren ansehen: die besten Produkte und die größte Menge verkaufen. Und in der verbindlichsten Weise, denn die Information ist die Schwester der Handelsreklame. Von diesem Gesichtspunkt aus scheinen mir UP. und Hearst (letztere trotz ihrer Sensationssucht) gute Vorbilder zu sein.

In diesem Sine habe ich die Liste der Korrespondenten von Fournier revidiert und die Liquidierung des Prager Korrespondenten (ein offiziöser Franzose, Diener bei Benesch) veranlaßt. In diesem Sinne habe ich die Radio-Affäre angefangen, die des „printing parisienne“, den Austausch mit Amerika, mit dem Osten und dem Fernen Osten, mit Übersee, die Exklusivität von Canada mit der „Liberté“. In diesem Sinne habe ich den Korrespondenten rein technische Instruktionen gegeben. Und Sie? Sie haben ihnen ausschließlich politische Mitteilungen gemacht. Sie haben nur politisch auf ihre Arbeit reagiert. Wir werden ja sehen, in welcher Richtung. –

In der Tat, Sie haben nur gehandelt, um eine bestimmte Politik zu fördern oder zu verteidigen. Sie haben das Gegenteil von „informieren“ getan, das Gegenteil von dem, was eine Nachrichten-Agentur tun muß.

Welche Politik?

Das ist klar.

Sie sind Jude, kämpfender Jude. Folglich Anti-Faschist, gegen alle „nationalen“ Regierungen. Und für die Sowjet-Verbündeten ..... eine bekannte Stellungnahme mit all ihren Folgen und Wirkungen, die sie in die Innenpolitik bringt.

Kurz gesagt: alle die Ereignisse, bis zu den letzten, die zum Gegenstand des Bruches zwischen uns wurden, haben folgende Gegenüberstellung:

Bollack, bei Fournier Politik treibend (und welche ...), Telegramme fabrizierend, wenn es darauf ankommt, seinen Standpunkt zu bestätigen, andere Telegramme verkürzend oder zurechtstellend, die dieser Politik widersprechen, sich erzürnend über die Korrespondenten, die durch ihre Lage gezwungen waren, seiner Politik widersprechende Telegramme aufzugeben (Prag, Burgos, Warschau, London, wenn Chamberlain nachgab ...).

Fontenoy, der objektive Nachrichten liefert und begierig ist, das zu veröffentlichen, was andere Agenturen verschweigen. Diese, im Dienst der Volksfront-Macht stehend, würden dieser Macht mißfallen, wenn sie sagen würden, was sie verschweigen, denn das hieße die Lauheit von Roosevelt bestätigen, die Hungersnot von Barcelona, die Überspanntheiten von Moskau, die Temperatursteigerung bei den Sudetendeutschen, den Wunsch nach Neutralität in Brüssel, die polnische Macht, die neue Franzosenfeindlichkeit in Bukarest ..... Ja, sagen, was sie verschweigen, das hieße gestern von der Volksabstimmung in Böhmen sprechen, von der Autonomie (oder schlimmer!), diese Tatsachen von morgen, die niemand im August erwähnen durfte ... das heißt, über das Zögern von Paris sprechen, von den Entschlüssen, anstatt alles zu verbergen ... kurz, die Wahrheit sagen. Ihr „Senf“, ein politischer und offiziöser Senf, das zu sagen, was die Konkurrenz verschweigt, hieße zu jeder Stunde des Tages mit Ihnen aneinandergeraten. Denn die Wahrheit und die Technik der freien Agentur geriet in Konflikt mit dem Kampf gegen Ihre Manie der antifaschistischen Propaganda.

Von diesem Antifaschismus (um einen geläufigen Ausdruck zu wählen) nenne ich hier nur die allertypischsten Fälle bis zu meiner Abreise.

Im Juni ersetzte ich den Korrespondenten von Prag (Diener von Benesch und nicht für einen Pfennig Journalist) durch einen richtigen Mann der unabhängigen Agentur. In der ersten Nacht teilte er die Schwierigkeiten zwischen Benesch und der Rechten mit. Sie fabrizieren für den „Temps" ein Telegramm, welches alles dementiert. Ich sende Ihnen ein Telegramm aus Berlin und fordere Ihre Unabhängigkeit von allen Mächten.

Ich komme nach Paris zurück. Neuer Streit: Diesesmal haben Sie von Touquet eine Pseudo-Depesche aus London diktiert, welche „die Empörung der englischen Presse" ausdrückt, daß die Franzosen nach Baden-Baden gehen, während die Juden in Berlin vergewaltigt werden. Ich protestiere. Bei dieser Gelegenheit erklärt Ihr Mitarbeiter Vallet, daß Sie immer die Absicht gehabt haben, eine politische anti-Nazi-Agentur zu unterhalten. Er wiederholt dies am nächsten Tage in Ihrer Gegenwart. Sie schwören, daß davon nicht mehr die Rede ist.

Infolgedessen Beruhigung. Sie scheinen zuzugeben, daß unsere Bemühung rein technischer Natur ist. Aber in Wirklichkeit (sporadisch im Juli und später systematisch) haben Sie:

Die Depeschen unterschlagen, die geheim aus Barcelona kamen, wo unser Korrespondent sich offen über Dinge und Menschen im republikanischen Spanien aussprechen konnte — aber im Gegenteil, niemals irgendeine Information unterschlagen oder gekürzt, die auf dem offiziellen Wege der Zensur gekommen war (wobei diese Depeschen, die den Korrespondenten aufgezwungen werden, alle lügen, da die Zensur hierfür da ist!).

Den ausgezeichneten Nachrichtendienst von Burgos verunglimpft, indem Sie ohne den Schatten eines Beweises behaupten, er sei bestochen.

Gegen die „zu zahlreichen" Depeschen aus Japan protestiert, die in Genf beschlagnahmt wurden (während Sie immer bestimmte Tatsachen meldeten, für die der Absender Domei die Verantwortung trug) ... und haben mehr chinesische Depeschen reklamiert, ohne von der Unzuverlässigkeit von Chekiai gerührt zu sein.

verbessert, getadelt den Korrespondenten von London — aber niemals wegen Verspätungen oder Fehlern, sondern immer wegen des „nationalen" Tones seiner Redigierung.

Dreiviertel der Depeschen, die aus Warschau kamen, ausgelassen, meist wegen anti-sowjetistischer Einstellung.

Alles dies geschah ohne mich oder wider meinen Willen, und unter denselben Bedingungen sind Sie nach Genf gefahren, um dort eine Wiederübertragung eines Sowjetdienstes an „Taß" zu organisieren und auch — wirklich, der Höhepunkt! — offiziöse tschechische Depeschen zu organisieren, während Fournier in Prag den alleraktivsten und eifrigsten Vertreter hatte.

Ich füge hinzu, daß Ihre wirtschaftliche und finanzielle Agentur (Agence Economique et Financière) an Fournier Nachrichten weiterreichte oder ihm zahlreiche Depeschen verschaffte. Alle waren sich in Ihrer „antifaschistischen" Tendenz gleich: zwei oder drei sprachen es offen aus, die dritte griff die Innen- oder Außenpolitik von Polen an. Das systematisch und durch Briefe ... Wie aktuell. — Ich bin also gezwungen, daraus zu schließen, daß allen diesen Handlungen eine rassische Voreingenommenheit, die die politische Voreingenommenheit bestimmt, zu Grunde lag.

Ich habe also entsagt und die Bedingungen meines Fortgangs illustrieren besser noch als die obige Aufzählung unsere Gegensätzlichkeit.

Sie greifen diejenigen an, die Sie Hitlerianer nennen; Fournier war mit der polnischen Agentur Ate verbündet, die für ihn den Nord-Osten von Europa bearbeitet. Am 12. telephoniert Ate einen Auszug aus der „Prawda", der Daladier heftig angreift. Sie brechen jede Beziehung zu Ate ab, indem Sie behaupten, sie mache das Spiel von Hitler mit, indem sie „Russen und Franzosen entzweit".

Dabei ist Ihnen die in diesem Zusammenhang so interessante Nachricht völlig gleichgültig ..... Am selben Tage kürzen Sie auf 50 % das Gehalt von Couderc, dem Korrespondenten von Burgos, indem Sie noch dazu behaupten, daß er „nimmt" (sich bestechen läßt). Alles dies trotz meiner Gegenvorstellungen.

Als Leiter der Agentur kann und will ich mich Ihrer Geschäftsführung nicht anpassen.

Jean Fontenoy." (3)

Robert Bollack ist gleichzeitig Leiter der Agence Economique et Financière, die hauptsächlich Nachrichten wirtschaftlicher und finanzieller Natur verbreitet. Außerdem beeinflußt Bollack als Reklamechef des „Temps" ausschlaggebend die Haltung dieser Zeitung.

Die übrigen bedeutenden Agenturen sind ebenfalls gänzlich verjudet.

L'Agence Technique de la Presse:

Leiter: Jacques Landau.

L'Agence de l'Est:

Leiter: J. S. Bernstein.

L'Agence Impress:

Leiter: Kurt Rosenfeld.

L'Agence Telegraphique Universelle:

Leiter: J. Mayer.

L'Agence Mitropress:

Gründer: Friedmann, Cahn, Epstein.

XIV. Die Presse.

Die Verjudung der französischen Presse hat einen Stand erreicht, der in der Zukunft kaum überschritten werden kann. Die jüdische Hochfinanz beherrscht die Organe der Arbeiterparteien, die gegen den Kapitalismus kämpfen. Mit der Verhetzung dieser Massen bestimmt das Judentum indirekt die politische Führung des Landes, das es durch seine kommerzielle Stellung ausnutzt. Neben der Presse stehen auch die Presseverbände gänzlich unter jüdischem Einfluß. Die volksbewußte französische Presse ist auf die gänzliche Machtstellung des Judentums in der Presse aufmerksam geworden und hat den Kampf aufgenommen, dem die C.G.T. mit einigen Sorgen entgegensieht. Ihr Hauptorgan schrieb:

„Die rassischen und konfessionellen Feldzüge, die von einigen Presse-Organen geführt werden, haben seit einer gewissen Zahl von Monaten eine äußerst heftige Wendung genommen. Richtige Provokationen zu Einzelmorden und zu Veranstaltungen von Pogromen machen sich in den Zeilen der Veröffentlichungen breit, indem sie als Beispiel das anführen, was in den totalitären Ländern passiert. Andere Wochenschriften, andere Tageszeitungen greifen nicht weniger heftig Israeliten oder Franzosen an, die in ihrer Verwandtschaft Ausländer haben. Es fehlt noch, daß sie sich bemühen, in systematischer Art im Lande eine feindliche Stellung gegen die Juden und gegen diejenigen, deren „Rasse" zweifelhaft scheint, zu schaffen."

Der Kampf dieser Kräfte gegen die jüdisch-französische Presse hat eine Berechtigung, wie folgender Überblick über die bekanntesten französischen Zeitungen zeigt:

Agriculture Nouvelle, s. Petit Parisien ami du Peuple (L'):

Haupteigentümer: der Jude Jérobom Rothschild, genannt Georges Mandel; Chefredakteur: der Jude Michelson. Einst das Organ der nationalen Verbände (Solidarité française und Jeunesse Française) steht es heute gänzlich im Dienste des jüdischen Bolschewismus.

Annales Contemporaines (Les):

Leiter: der Jude Marc Vichniac.

Antinazi (L'):

Leiter: der Jude Walter Kell.

Aube (L'):

Mitarbeiter: Der Jude Benda, der durch seinen Kampf gegen die Kirche und gegen den Frieden bekannt ist. 1934 schrieb er einen Aufsatz unter dem Titel: „Die Zivilisation kann auch durch den Frieden untergehen".

Auto (L'):

Hauptaktionäre: M. Desgranges und der Jude Wertheimer. Schriftleiter: die Juden Bénac, Levitan, genannt Géo Villetan, Géo Tizor, Felix Levitan, Bernard Musnik (Newyorker Korrespondent). L'Auto organisiert die „Tour de France" mit Hilfe der Juden Veil-Picard vom Hause Pernod, Hirsch, von der Boldoflorine, Huygt von der Chaine vita und von den jüdischen Häusern Oria, Mireille, Aregental usw.

Allein die französischen und ausländischen Rennfahrer sind keine Juden.

Aux Ecoutes:

Leiter: der Jude Paul Levy.

Gänzlich unter Einfluß des Kolonialministers Mandel.

Avant' Garde (L'), s. l'Humanité.

Benjamin:

Leiter: der Jude Lajeunesse.

Cahiers de la Ligue des Droits de L'Homme (Les):

Leiter: der ungarische Jude Viktor Basch. Schriftleiter: die Juden Emile Kahn, Henri Sée, Roger Picard, Salomon Grumbach, Brunschwig, Fernand Corcos, Hadamard, Jacques Kayser, Seignobos, O. R. Loch, Georges Pioch und Weil, genannt Veil.

Capital (Le):

Leiter: der Jude Perquel, verheiratet mit einer Jüdin, geb. Allatini. Veröffentlicht laufend Aufsätze von Joseph Denais, dem Rothschild das Verschwinden der „Libre Parole" verdankt.

Chaine d'Union (La):

Leiter: der Jude Jammy-Schmidt. Schriftleiter: die Juden Jules Uhry, Pierre Lévy, Alphandéry und Craimer-Raine.

Ce Soir:

Leiter: der Jude Jean-Richard Bloch. Schriftleiter: die Juden Gaston Weil, Zymowsky und Nathanson Besan.

Organ der Volksfront mit einer Auflage von 150 000; steht gleichfalls unter Einfluß des Kolonialministers. Natanson verrichtet gleichzeitig den Nachrichtendienst von „Ce Soir" und erhielt seit Oktober 1937 Ausweisungsbefehle vonseiten des Innenministers und ist dreimal zu einer Gesamtgefängnisstrafe von 11 Monaten verurteilt worden.

Cime — Miroir, s. Petit Parisien.

Cri'cri:

Herausgeber: die Juden Offenstadt.

Dépêche (La) de Constantine in Algerien, s. Petit Parisien.

Dernieres modes de Paris (Les):

Herausgeber: die Juden Offenstadt.

Dimanche de la Femme (Le):

Herausgeber: die Juden Offenstadt.

Dimanche Illustre (Le), s. Petit Parisien.

Droit de Vivre (Le):

Leiter: der Jude Lekah, genannt Bernard Lecache.

Organ der Lica (Ligue intern. contre antisémitisme et racisme), in dem die Sektionsleiter der Liga und die Mitglieder des Internationalen Exekutivkomitees der jüdischen Weltvereinigung gegen den Rassismus ihre Beiträge veröffentlichen. Es sind die Juden: Georg Bernard, Buenzi, Cenac-Thaly, Georges Zerapha, Woodson, E. A. Tedesco, Henri Levin, Irène Steinhaus, Lazare, Racheline Barrotte, Labin, Ronald Kidd, Fernandez-Cilmeiro usw.

Echos (Les):

Leiter: die Juden E. und R. Schreiber.

Epoque (L'):

Schriftleiter: der Jude Hirsch, genannt Hutin.

Das Organ steht unter Einfluß des jüdischen Getreidekönigs Louis-Louis Dreyfus und Schwob, genannt d'Héricaurt. Ersterer sandte an den Nichtjuden Henri von Kerrilis einen Brief, aus dem die jüdische Beeinflussung der Zeitung hervorgeht. Es heißt darin: „Aber da ist noch ein anderes: de Kerrilis hat mit Talent und Feuer die Sache der Menschlichkeit in seiner Außenpolitik vertreten, die Sache aller Zivilisierten, gleich welcher Konfession. Dabei hat er sich auch für die unglücklichen Israeliten eingesetzt und demzufolge sind einige Abonnenten abgegangen. Es wäre Sache der Gerechtigkeit und Sache einer guten Politik, diesen Abgeordneten zu unterstützen, der den seltenen Mut der Überzeugung hat — auch wo es für ihn unvorteilhaft ist. Wenige Zeitungen unterstützen diese Sache. Einige tun es aus besonderen Gründen, die leicht zu erraten sind, andere haben nicht den Mut dazu, eine dritte Sorte sind demagogische Blätter (nicht der äußersten Linken).

Ich bitte, dieses Rundschreiben als vertraulich aufzufassen, ich spreche nicht für mich, sondern für die Sache — andernfalls riskiert man es, wie in der berühmten Angelegenheit, den Roman des jüdischen Syndikats aufzubringen, der schon von der Action Française skizziert worden ist." (2)

Epatant (L'):

Herausgeber: die Juden Offenstadt.

Nouvelle (L'):

Schriftleiter: der Jude Albert Milhaud.

Das radikale Blatt gilt als offizielles Organ von Herriot.

Est Républiquain (L), s. Petit Parisien:

Am 27. September 1938 hatte der Redaktionssekretär Paul Albert den genauen Text der Rede Chamberlains veröffentlicht, was ihm seine Entlassung einbrachte. Das Gericht von Nancy hat aber sein Verhalten gebilligt.

Europe (L'):

Schriftleiter: die Juden Abraham, Bloch, Cassou und Friedmann. Bloch schrieb über die Tendenz der Pariser Zeitschrift: „Europe, ihrer Tradition treuer denn je, wird nie aufhören, eine Kultur zu schützen, die untrennbar ist vom Schicksal der Völker: sowohl derer, die unter dem demokratischen Regime ein weitreichendes Bewußtsein ihrer Macht und ihrer Möglichkeiten haben, wie auch derer, die unter dem faschistischen Regime ihren Irrtum einsehen, wie auch schließlich derer, die dem Faschismus zum Fraß vorgeworfen werden, um unter allen Umständen das falsche Prestige und die vorgetäuschte Macht eben dieses Faschismus aufrecht zu erhalten. In unseren Händen liegt alles, was den Völkern zu einer besseren Selbsterkenntnis und gegenseitigen Erkenntnis, wie auch zur Rückkehr zu ihren kulturellen Gegebenheiten helfen kann, die — immer — eine Tradition der Gerechtigkeit und des Fortschrittes ist, um Übertreibung und Gewalt, Kombinationen und Schacherei, Erniedrigungen und Bluffs zu entlarven."

Evènement (L'):

Leiter: der Jude Géo Meyer.

Excelsior (L'):

Gründer: Pierre Lafitte. Chef des Nachrichtendienstes: Gabriel Reuillard (verheiratet mit einer Jüdin). Schriftleiter: die Juden

Viktor Schiff, genannt Charles Reber, der durch seine antifranzösischen Hetzereien bekannt ist, bevor er aus Deutschland ausgewiesen wurde, Edmond Demeter, genannt Demaitre, Camille Lutre, genannt André Sully; die anderen siehe Petit Parisien.

Faubourg (Le):

Leiter: der Jude Leopold Hesse, genannt Léo Poldès.

Es ist das offizielle Organ des Club du Faubourg, dessen Mitglieder die größte Redefreiheit genießen.

Monsignore Felix Périé, Hauptkanonikus von Karthago, Großmeister des katholischen Redemptoristenordens, schickte an Léo Poldès ein Huldigungsgedicht, das mit den Zeilen schließt: „Auch ich, der immer auf Seiten der Unterdrückten stand, ich liebe die Verteidigungsreden, die Léo Poldès in seinem Club du Faubourg hält, und denen ein Volk Beifall spendet!"

Femina:

Leiter: der Jude Ochs. Hauptschriftleiter: der Jude Dreyfus.

Femme Nouvelle (La):

Leiterin: die Jüdin Louise Weiß.

Figaro (Le):

Besitzer und Leiter: der rumänische Jude Cotnaréanu. Schriftleiter: die Juden René Lara, André Reichel, Vonoven, Herzog, genannt Maurois, und Gérard Bauer.

„Figaro" ist von alters her das Organ der katholischen Aristokratie gewesen. Er ging in den Besitz des Parfüm-Magnaten Coty über. Seine geschiedene Frau, die das halbe Vermögen Cotys mitbrachte, heiratete den ehemaligen Kellner eines Cafés in Jassy (Rumänien), Cotnaréanu, der als Laufjunge in der Pariser Parfümerie die Frau Cotys kennen lernte. Cotnaréanu, der eigentlich Katz heißt, besitzt heute neben dem „Figaro" große Geschäftshäuser in den Champs Elysés.

Fillette:

Herausgeber: die Juden Offenstadt.

Film Complet (Le):

Herausgeber: die Juden Offenstadt.

Flambeaux (Les):

Redaktion gänzlich verjudet.

Française (La):

Gründerin: die Jüdin Jeanne Mismée. Leiterin: die Jüdin Brunschwieg.

France de l'Est (La):

Leiter: der Jude Charles Morice.

Histoires en Images:

Herausgeber: die Juden Offenstadt.

Humanité (L'):

Derzeitiger Leiter: Marcel Cachin, ist mit einer Jüdin verheiratet. Schriftleiter: die Juden Gabriel Péri, Nizan, Radi, Benda, Kalmanowitsch, Gaymann, Bloch, Rappoport, Cohen, Coran. Geschäftsführer: Levy und Wallon.

Das kommunistische Organ wurde 1904 durch die Juden Léon Picard, Levy-Bruhl, Dr. Levi Bram, von Pressensé, Jules Rouff, Louis-Louis Dreyfus, Charles-Louis Dreyfus, Salomon Reinach, Herr und Sachs, die insgesamt mit 361 000 Franken beteiligt waren, gegründet. Das Organ wird heute mit Geldern Moskaus unterstützt, wie ein ehemaliger französischer Kommunist erklärte: „Ob es nun in Mark oder in Dollar, in Dollar oder in Pfund war, die „Humanité" erhielt in den Jahren 1928 bis 1931 rund fünf bis 6 Millionen pro Jahr aus Moskau. 1929 wurde eine besondere Unterstützung von mehreren Millionen aus Moskau der „Humanité" zugeleitet, um die Bank Ouvrière et Paysanne wieder flott zu machen." Nach Abschluß der Münchener Verhandlungen veröffentlichte „Humanité" und „Ce Soir" ein Manifest der Intellektuellen „gegen die Kapitulation von München". Es wurde unterzeichnet von: L. Levy-Bruhl, Vizepräsident der Pariser Académie des Sciences morales et politiques, H. Levy-Bruhl, Professor der Rechte, Dr. M. Levy-Bruhl, Jacques Hadamard, Mitglied des Instituts, Meyerson von der Schule des Hautes Etudes; Michel Bloch, V. und Y. Feldmann, Adler, Julien Bloch, G. Friedmann, Professoren; Lina Baltz, Lehrerin; Jacques Salomon, Leone Walter-Levy, Henri Volkringer, M. E. Rumpf, Doktor der Wissenschaften; Franze Bloch, Chemiker; Julien Benda, J. R. Bloch; André Wurmser, Claude Aveline, Jean Behringer, Georgette, Gueguen-Dreyfus, Pierre Unik, Schriftsteller; Madeleine Braun, Sekretärin des Komitees für die Vereinigung für Spanien; Jean Zyromski, Frans Masereel, J. Csalki, Künstler; Boris Danichewsky, Rewé Danichewsky, Germaine Cohn, Richard Wolkowitsch, Skomarowski, Francis Cohen, Studenten.

Information (L'):

Es ist das Organ der jüdischen Bank Lazare und steht gleichzeitig unter Einfluß von Bollack.

Information Feminine (L'):

Leiterin: die Jüdin Kremer-Bach.

Intransigeant (L'):

Präsident des Verwaltungsrates ist Pierre Lafitte, seine Mitglieder die Juden Léon Meyer und Bloch. Großaktionär ist Louis-Louis Dreyfus. Leiter: Lazarus genannt Gallus. Generalsekretär der Schriftleitung: Jacques Mayer. Schriftleiter: die Juden Abraham, Bromberger, Meyer, Moyse, René Leymann, Mitzakis, Félix Lévitan, Lang, Lewsen, André Laville, Simon, Max Jacobsohn und R. E. Singer, Korrespondent in Wien.

Intrepide (L'):

Herausgeber: die Juden Offenstadt.

Je Sais Tout, s. Petit Parisien.

Jour (Le):

Hauptteilhaber: der Jude Schwob, genannt d'Héricourt. Chef des Nachrichtendienstes: der Jude Devries. Reklamechef: der Jude Hecker. Schriftleiter: die Juden Idakowsky, Mayer, Martin, Marx.

Journal (Le):

Schriftleiter: Géo London, Pierre Wolf und Jean Valensi.

Journal des Débats (Le):

Nationales Organ, das von Henri Bousquet verwaltet wird, der die jüdischen Banken Gunsburg und Rothschild vertritt.

Journee Industrielle (La):

Leiter: der Jude Cohen.

Lili:

Herausgeber: die Juden Oppenstadt.

Loisirs (Nos), s. Petit Parisien.

Lumiere (La):

Leiter: der Jude Georges Boris. Schriftleiter: die Juden Weißkopf, genannt Gombault, Kahn, Altman und Grumbach.

Matin (Le):

Chef des Nachrichtendienstes: Sam. Cohen. Schriftleiter: die Juden Kessel, Sommer und Hirsch.

Marianne:

Schriftleiter: die Juden Emanuel Berl, Bloch, Blaumanis, Kalder, Zweig, Salomon und Peter Lazareff.

Mode du Jour (La):

Herausgeber: die Juden Offenstadt.

Mon Cime s. oben

Mühlhauser Tageblatt:

Leiter: der Jude Alfred Wellach.

Neues Tagebuch:

Leiter: Leopold Schwarzschild. Dies Organ ist die Tribüne der jüdischen Emigranten aus Deutschland.

Oeuvre (L'):

Teilhaber: Jean Hennessy (65%) und der Jude Bauer. Schriftleiter: Jacques Kayser, Bernard Lecache, Israel, Jacob, Sée, Enoch-Rocher, genannt L'Ouvrier.

Dieses Hauptorgan der radikal-sozialistischen Partei war bei seiner Gründung scharf antijüdisch eingestellt. Es veröffentlichte 1911 eine Broschüre unter dem Titel: Wie entledigen wir uns der Juden? Es heißt darin: „Jaures und die Sozialisten haben dem Antisemitismus mit einemmale abgeschworen, als die Bank Pereire, d. h. das Haus Rothschild, die ganze Herde wie auf dem Markt kaufte und in der Redaktion der „Laterne" mit Briand, Flachon, Viviani und Millerand einsetzte. Gegen den klingenden Lohn lieferte sich die sozialistische Partei den Juden aus, welche sie am Vorabend bekämpft hatte." Wie die Zusammensetzung des Personals dieser Zeitung beweist, steht sie heute ausschließlich unter jüdischem Einfluß. Das bewies sie in den kritischen Tagen des Septembers, in denen sie am eifrigsten zum Krieg hetzte. Die politischen Leitartikel schrieb der Vetter Léon Blums, Jules Moch. Zu dem jüdischen Anschlag auf den deutschen Botschaftsrat vom Rath schrieb das Judenorgan „Dieser schreckliche Zwischenfall – man kann sich mit Recht fragen, welche Rückwirkungen er in einer gespannten Lage gehabt hätte, wie wir sie gerade vor kurzem durchlebt haben – darf nicht der Anlaß zu einer antisemitischen oder fremdenfeindlichen Campagne in Frankreich werden. Er muß uns lediglich zum Nachdenken veranlassen. Viele von uns sind sicher bewegt über das Unglück jener Ausländer, die, weil sie nicht reinrassig sind, und nicht die gewünschte Meinung haben, aus ihrem Lande flüchten mußten oder aus ihm verjagt worden sind. Wir werden diese Verbannten auch weiterhin für ehrenwert und unserer Sympathie würdig halten." In den jüdischen Rahmen des Ouevre fügt sich die durch ihre Lügennachrichten bekannte Tabouis würdig ein.

Oran Matin, s. Petit Parisien.

Ordre (L'):

Aktionäre: Sarros, Direktor der Comédie der Champs Elysés, Steli Popesco, Emile Demay. Herausgeber: Ebstein. Schriftleiter:

Grünbaum-Geraud, genannt Pertinax, Silberberg, genannt Alfred Silbert, Peter Löwe.

Paix et Droit:

Organ der Alliance Israélite Universelle.

Pariser Haint:

Leiter: Finkelstein. Emigrantenblatt.

Pariser Tageblatt:

Gründer: Georg Bernhard. Schriftleiter: Kurt Caro, genannt Manuel Humbert und die jüdischen Emigranten aus Deutschland.

Paris Midi, s. Paris Soir.

Paris Soir:

Hauptaktionäre: M. Prouvost (Textilindustrie), M. Béghin (Zuckerindustrie) und Louis-Louis Dreyfus, der französische Getreidekönig. Schriftleiter: Pierre Lazareff, Abraham, Gaston Bénac, Kempf, Levy, Liévin, Jules Moch, Michel-Georges Michel, Michel Model, Weißkopf, genannt Gombault und Wolf, sowie der Halbjude Raoul de Roussy de Sales, genannt Jacques Fransallés, der als erster das sattsam bekannte Wort Roosevelts „Amerikas Grenze liegt am Rhein" nach Frankreich kabelte. Das Organ ist ein bekanntes und viel gelesenes rechts-republikanisches Massenblatt, das sich durch seine endlosen Lügenmeldungen besonders hervortut. Im November 1933 veröffentlichte es gefälschte Dokumente über Deutschland, fälschte gleichfalls die Septemberrede des Führers im Sportpalast 1938, berichtete, daß der Sekretär Julius Streichers an einem Anschlag auf den englischen König beteiligt gewesen sei und versuchte den Franzosen klar zu machen, daß der Mörder Grynspahn ein Pole sei.

Paves de Paris:

Leiter: der Jude Emanuel Berl.

Pele-Mele:

Herausgeber: die Juden Offenstadt.

Petit Bleu (Le):

Besitzer: der Jude Worms aus dem „Maison de Blanc". Leiter: der Jude Oulmann.

Petit Illustre (Le):

Herausgeber: die Juden Offenstadt.

Petit Journal (Le):

Leiter: La Rocque. Privatsekretär: der Jude Carvalho. Teilhaber:

die Juden Schwob, genannt d'Héricourt, Javal und Sternberg, genannt von Armella. Schriftleiter: Lucien Hermann Vogel, der aus der Zeitschrift „Vu et Lu" entlassen wurde, da er Schecks von dem ehemaligen kommunistischen Reichstagsabgeordneten Münzenberg angenommen hat; die Juden Silberberg, genannt Silbert, Robbe-Cohen (die Mutter geborene Cohen), Lange und Treich. Rechnungsberater: der Jude Wormser.

Seit der Volksfrontregierung hat das rechtsstehende Organ eine vollständige Schwenkung nach links vollzogen. Es hat die verhältnismäßig große Auflage von 325–450 000 und ist in seiner Tendenz sowohl durch die jüdischen Teilhaber, als auch jüdischen Schriftleiter eindeutig bestimmt. De La Rocaue, der einstige nationale Franzose, ist gänzlich unter den Einfluß des jüdischen Geldes geraten. „Unsere israelitischen Freunde genießen unsere brüderliche Zuneigung", schreibt er in seinem Parteiorgan „Flambeau". Das Judentum zollte ihm für seine Haltung Anerkennung. L' Univers Israélite schrieb am 3. April 1937: „Der Oberst de La Rocque hat uns gegenüber keine bösen Absichten, im Gegenteil: ich behaupte, daß er der beste Schutzwall gegen den Antisemitismus ist".

Petit Parisien (Le):

Eigentümerin: die Jüdin Dupuy, geb. Helene Braun, genannt Brown. Hauptschriftleiter: Elias Bois. Schriftleiter: die Juden Emanuel Jacob, Loewel, Meyer, Charles Morice, Pierre Paraf, André Salmon, Sée, Andrée Viollis und Jean Wurmser, A. Aghion, Wertheimer.

„Petit Parisien" ist eines der weitverbreitetsten Massenblätter, Auflage 1½–2 Millionen, rechts eingestellt. Die Haltung dieses Organs ist dem Juden und Präsidenten der Lica, Lecache, noch nicht genug vom Judentum bestimmt. Er schreibt in seinem Organ am 15. Oktober 1938:

„Zweimal sind Fehler festgestellt worden: das erstemal, als die Zeitung mitteilte, daß „drei polnische Juden" (warum nicht kurz „Polen"?) wegen Aufwiegelung von Militärpersonen zum Ungehorsam verhaftet worden waren. Das zweitemal, als über den Pogrom von Dijon die Lesart der Pogrom-Anstifter veröffentlicht wurde. Wir bedauern bloß, daß „Le Petit Parisien", der sofort von uns über seine Irrtümer (ohne jeden Zweifel ungewollte) aufgeklärt wurde, es nicht für nötig befunden hat, eine Berichtigung zu veröffentlichen. Da die Ehre von 4 Männern auf dem Spiele steht, zweifeln wir nicht daran, daß unser großer Kollege seine Fehler berichtigen wird."

Peuple (Le):

Leiter: der Jude Francis Million. Hauptschriftleiter: der Jude Maurice Harmel. Dies Organ der C.G.T. wird durch die jüdischen Großindustrien finanziert.

Populaire (Le):

Leiter: der Jude Karfunkelstein, genannt Léon Blum. Schriftleiter: die Juden Rosenfeld, Herrmann, Hirsch, Moch, Zyromsky, Weil-Reynal, Cohen, Adria, Julius Deutsch, Imré Gyomai, Schermann, Kuntzelmann, Meysembourg, Daniel Mayer, Henry Goldstein, Hertz, deutscher sozialdemokratischer Abgeordneter, und Grumbach, ehemaliger Pariser Korrespondent des „Vorwärts", Moati, Nicolitch, Liebermann, Madeleine Paz, Louis Lévy, Kanter, Schiff, Schlesser, Haussser, Oppenheim, Modiano, Angelo Tasca, genannt André Leroux, Hirschowitz, Schwartzentruber.

Presse Libre (La), s. Petit Parisien.

Quotidien:

Hauptaktionär: Henessy. Organ der Union der Linken, wird hauptsächlich von Lehrern und Beamten gelesen.

Regards:

Schriftleiter: die Juden Nizan und Mossé.

Republique (La):

Leiter: Emile Roche. Mitarbeiter: die Juden Pierre Paraf, Jacques Kayser, Samy-Berracha und Pfeiffer. Das radikal-sozialistische Organ gibt sich den Anschein einer anti-volksfrontlichen Tendenz.

Revue d'Economie Politique (La):

Hauptschriftleiter: der Jude Edouard Payen.

Revue de Paris (La):

wird kontrolliert von den Juden Calmann-Lévy, die den Rothschilds nahe stehen.

Russie d'Aujourd 'Hui (La):

Schriftleiter: die Juden Bloch und Friedmann.

Sans-Dieu (Les):

Leiter: der Jude Galpérien, genannt Levasseur.

Samedi:

Leiter: der Jude Ephraim Artziele. Schriftleiter: die Juden Chil Aronson, Ezriel Carlebach Bar Kokhba, Meirovitch, Elie Soffer, Bielinsky usw.

Sciences et Voyages:

Herausgeber: die Juden Offenstadt.

Sept:

Vertraut dem Juden Brunschvig die Studie über die französisch-deutschen Beziehungen an, eine für die Judenschaft notwendige und sie befriedigende Mitarbeit.

Systeme D:

Herausgeber: die Juden Offenstadt.

Temps (Le):

Reklamechef: der Jude Robert Bollack. Schriftleiter für den Wirtschaftsteil: der Jude Max Hermant. Korrespondent in Kairo: der Jude Georges Meyer. Mitglieder des Verwaltungsrates: Roume, Vertreter von Rothschild und Brun, Vertreter der Interessen der Bank Adam. Mitarbeiter: der Jude Henry Michel.

Terre (La), s. l'Humanité.

Terre Promise (La) de Strasbourg:

Die ganze Schriftleitung jüdisch.

Terre Retrouvée (La):

Die ganze Schriftleitung jüdisch.

Tunis Socialiste:

Hauptschriftleiter: der Jude Cohen Hadria.

Univers Israélite:

Jüdische Schriftleitung.

Vendemiaire:

Schriftleiter: die Juden Emanuel Berl, Robert Aron, Georges Pioch usw.

Vendredi:

Schriftleiter: die Juden Abraham, Benda, Bloch, Lévy, Jean Cassou, Paz, Soria, Kayser, Viollis Wurmser und Ullmann.

Voie Nouvelle (La):

Die ganze Schriftleitung jüdisch.

Volontaires (Les):

Schriftleiter: die Juden Mossé, Pierre Scize, Julien Benda, Jean Cassou, Bert, Brecht usw.

Diese Aufstellung ist infolge der ständigen Veränderungen in den Schriftleitungen der Zeitungen unvollständig.

XV. Der Rundfunk.

Ein für die Beeinflussung der öffentlichen Meinung ebenso wichtiges und wirksames Instrument wie Presse und Agenturen ist der Rundfunk. Deshalb hat das Judentum auch auf ihn seine Hand gelegt. Nicht nur in den Sendungen des Nachrichtendienstes liegt die große Bedeutung des Rundfunks. Vielmehr trägt seine Unterhaltung durch Musik und Dichtung wesentlich zur kulturellen Erziehung des Volkes bei. Das bedarf einer besonderen Beachtung, wenn die Verjudung des französischen Radios aufgezeigt wird.

Für die jüdische Einflußnahme auf die staatlichen Sender (P.T.T. = Post, Telegraph und Telefon) ist in erster Linie Mandel und die Blum-Regierung verantwortlich zu machen. Die alten Beamten wurden überraschend in den Ruhestand versetzt und durch Juden ergänzt. So bietet der Aufsichtsrat der staatlichen Sendekommission das Bild einer jüdischen Versammlung. In der literarischen Abteilung sitzen die Juden J. R. Bloch, André Maurois (Hertzog), Julian Cain, Generaldirektor der Nationalbibliothek, Réné Weill, genannt Romain Coolus, Henry Kistemaekers, Madelaine Paz. In der musikalischen Abteilung: Darius Milhaud, Reynaldo Hahn, Georges Huismann, Gabriel Astruc, Stefan Chapelier. In der Wirtschaft- und Sozialabteilung: Georges Cohen-Salvador, Präsident der Sektion im Staatsrat und General-Sekretär des Conseil National Economique, Paul Grünbaum-Ballin, ein Vetter Blums. In der Nachrichten-Abteilung herrscht Georges Boris, von dem Léon Blum sagt, „daß er seit 20 Jahren sein Freund sei, dessen Klugheit und Wissen von allen, die ihn kennen, geschätzt wird". Boris hat als enger Mitarbeiter des belgischen Finanzjuden Löwenstein angefangen, der ihn bei seinem Ausscheiden aus seinen Diensten mit einer großen Geldsumme entschädigte. Nachdem Boris seine Arbeit in Belgien aufgegeben hatte, ging er als Generalsekretär zum „Quotidien". Dieses radikal-sozialistische Blatt verließ er mit einem Skandal, bei dem ihn ein Gericht der Seine „für verleumderische Anzeige" verurteilte. Boris gründete die Zeitung „La Lumière", in der er wütende Angriffe gegen den Klerikalismus richtet. „Er steht im Dienste der jüdischen Finanz, die er niemals dem wetterwendischen Publikum angezeigt hat. Er gehört dazu wie sein Schwager Wormser und sein Vetter Dreyfus. Er weiß, daß die Abwertung von 1936 für diese Gesellschaft eine einträgliche Angelegenheit war."

Dem jüdischen Anteil in der Sende-Kommission entspricht auch der Personalstand bei den verschiedenen Sendestationen, die mit dem staatlichen Telegraphen- und Telephondienst verbunden sind.

Radio-P.T.T.:

S. Bloch, musikalische Rundschau. J. Klein, Nachrichten. G. Lion, Wirtschaftsberichte. Wolff, internationale Rundschau. R. Natan, G. L. R. Marx, Conféranciers. Salomon, Berichte über die Wehrverbände.

Poste Parisien:

Leiter: Jean Grünbaum-Guggenheim. Mitarbeiter: Diamant-Berger, Bloch, genannt Mouprey, Ludwing, Kaminker, Fräulein Lehmann, J. Meyer, Lola Robert, Paulette Meyer, Wurmser, Kalmann, Nelken, Mireille, Edmond Roze, W. Lewis, Michel Duran, Rebekka Salmona usw.

Limoges-P.T.T.:

Leiter: Trèves.

Radio Toulouse:

Leiter: Kierkowsky.

Die Sprecher und Übersetzer an den staatlichen Sendern sind meistens aus Deutschland ausgewiesene Juden. Die bekanntesten unter ihnen sind Braun, Münzenberger, Bernst, ferner Jacob. Der letztere ist der Sprecher im staatlichen Sender Straßburg, der durch seine Lügen- und Falschmeldungen sattsam bekannt ist. Die Überfremdung in diesem Zweig und die daraus für Frankreich erwachsende Gefahr war so groß, daß der Postminister Julian eine Verordnung erlassen mußte, nach der nur die Verwendung französischer Sprecher bei staatlichen Sendungen zugelassen ist. Die „Action Française" schrieb von den jüdischen Sprechern:

> „Vereinigen sie nicht auch diese Tätigkeit bei der Radio-Sendung mit derjenigen der Übersetzer im Außenministerium? Haben diese deutschen Juden nicht die letzten Reden von Hitler übersetzt? Wäre nicht darin die Erklärung für die Fälschungen gefunden, die in dem den Agenturen übermittelten Wortlaut festgestellt worden sind? Wir wollen nicht weiter die Gefahr betonen, welche die Beschäftigung dieser Juden für den Frieden bedeutet, — dieser Juden, die um jeden Preis wollen, daß die Franzosen die Behandlung, die ihnen Hitler angedeihen ließ, rächen."

Die Darbietungen in den Sendungen werden hauptsächlich von Juden bestritten. Die am meisten gespielten Komponisten weisen die Juden André Bloch, Léo Fall, Gershwin, Reynaldo Hahn, Arthur Honnegger, Lazarus, Heymann, Hirschmann, Kahn, Kalmann, Darius Milhaud, Manuel Rosenthal und Kurt Weil auf. Unter den Rundfunk-Dirigenten sind die Juden Maurice André, Roger Ellis, Victor Pascal, Rosenthal und Albert Wolf anzutreffen.

Die bevorzugtesten Solisten sind die Juden Bartsch, Jacques Bloch, Marika Haas, Monique Haas, Clara Haskil, Micheline Kahn, Léon Kartun, Gisèle Kuhn, Lily Laskine, Lazare Lévy, Marcelle Meyer, Perlemutter, Albert Perring, Quatrocchi, Reitlinger, Marcelle Samson, Lucien Schwartz, Serge Tannenbaum, Tzipine, Lucien Warms, Lucien Würmser und Zighera.

Die privaten Sender sind in noch weiterem Maße von den Juden in Besitz genommen.

Radio Cité:

Besitzer: Louis-Louis Dreyfuß. Félix Lévitan und Jacques Meyer sind die Leiter. Bleustein ist beauftragter Geschäftsführer, Jean Jacques Vital Produktions-Chef für das Reklamewesen. Ben Said, Fabrikationsleiter. Guineberg leitet die Außenpolitik, Lehmann die Orchester. Canetti, künstlerischer Leiter, ist ein tschecho-slowakischer Jude, der ausschließlich jüdische Künstler engagiert und der den „Sänger ohne Namen" herausgestellt hat, hinter dem sich der polnische Jude Roland Avellys verbirgt. Unter anderem sind an dem Sender tätig: Akermann, Aron, Hoskil, Kahn, Lautermann, Mayer, Pascal, Salmon, Sternberg, Max André, Aris, Lucien Goldy, Medinger, Reitlinger, Rosenthal usw.

Radio 37:

Künstlerischer Leiter: Ferral, sein Assistent ist Midlarsky. Chef des Reklame-Wesens: Ehrmann. Ansager: Maurice Batissard. Technischer Leiter: Gedovius.

XVI. Die Verjudung des kulturellen Lebens.

Die politische und wirtschaftliche Vormachtstellung des Judentums erfährt eine entsprechende Ergänzung durch den Einbruch in das geistige und kulturelle Leben. Die französische Geistigkeit, die bei aller nationalen Einstellung die Gedanken des Liberalismus gepflegt hat, bot der jüdischen Überfremdung von vornherein eine gute Eingangsmöglichkeit. Es ist kein Zufall, daß Heine und Börne gerade in Paris Fuß fassen konnten; die konsequente Durchführung der Ideen von 1787 hatte die Vorbedingungen geschaffen, unter denen sich die Juden rasch einleben und ihren Einfluß auf die nationale Kultur des Gastlandes nehmen konnten. Diese Feststellung erklärt auch die Erscheinung, daß nahezu das gesamte jüdische Literatentum sich seit 1933 von Deutschland nach Frankreich wandte.

Besonders bedeutungsvoll aber wirkt sich die jüdische Stellung in der staatlichen Erziehung aus, die nach außen hin durch den jüdischen Erziehungsminister Zay demonstriert wird. Ihm bietet sich die Gelegenheit, von oben her die Erziehung der Jugend sowohl wie auch die gesamte kulturelle Gestaltung der Nation wirksam zu beeinflussen.

Zay wurde 1904 in Orléans geboren. Sein Vater Léon Zay, dessen Vater sich noch Zacharie nannte, ein polnischer Jude, war Schriftleiter des radikalen und freimaurerischen Blattes „Progrès du Loiret". Nach vielfachen Mißerfolgen ging die Zeitung ein, und Léon Zay gründete ein neues Organ unter dem Namen „France du Centre", das sich zu einem üblen Skandalblatt entwickelte, vor dem sich die Stadtverwaltung und die Polizei fürchteten.

Heute schon ist in Orléans die Auswirkung der Tatsache festzustellen, daß ein Kind der Stadt Minister geworden ist. Anläßlich der Jean d'Arc-Feier in Orléans, dessen Bürgermeister Jude ist, wurde die Fahne der Jungfrau von dem jüdischen Lehrer Loevy gezeigt; den Tanzbeitrag lieferte Frau Ida Rubinstein, und General Bloch (Jude) endlich kommandierte die Truppen, die die Ehrenkompagnie stellten.

Der künftige Minister erblickte in einer finsteren und feuchten Gasse am Loire-Ufer das Licht der Welt. Mit zehn Jahren mischte er sich zum erstenmal in französische Angelegenheiten. Mit Rührung erzählt der Vater, wie sein Sohn 1914 einen Offenen Brief an den General Galleani richtet und ihn bittet, für größere Bequemlichkeit der Soldaten zu sorgen.

Aus seiner Schulzeit berichtet bezeichnenderweise der Minister selbst die Geschichte, daß er sich 1922 an einem Wettbewerb beteiligte. Der damalige

Minister reichte ihm seine Arbeit mit der Bemerkung zurück: „Junger Mann, Sie sollten lieber Schweine verkaufen". Zwei Jahre später bekundet er seine politische und ethische Meinung in einem Gedicht, das einen tiefen Einblick in das patriotische Empfinden dieses Juden gewährt.

Paul Dreux

widme ich diese ersten Zeilen des Buches, das, wenn ich es schreiben werde, betitelt sein wird: „Ehrfurcht". J. Z.

Die Fahne.

1 500 000 sind für diesen Dreck gestorben....

1 500 000 in meinem Lande; 15 Millionen in allen Ländern zusammen.

1 500 000 Tote, mein Gott!

1 500 000 Männer für diesen dreifarbigen Dreck....

1 500 000 Männer gestorben, und jeder von ihnen hatte eine Mutter, eine Geliebte, Kinder, ein Haus, ein Leben, eine Hoffnung, ein Herz....

Was bedeutet dieser Fetzen, für den sie gestorben sind?

1 500 000 Tote, mein Gott! 1 500 000 Tote für diesen Dreck; 1 500 000 Entleibte, Zerfetzte, Vernichtete auf dem Düngerhaufen eines Schlachtfeldes; 1 500 000, die wir niemals mehr hören werden, die ihre Lieben nie wiedersehen werden.

1 500 000 auf irgend einem Friedhof faulend, ohne Särge und ohne Gebete....

Seht Ihr nicht, wie sie schön, entschlossen, lebensfroh waren, wie ihre Augen leuchteten, wie ihre Frauen sie liebten? Sie sind nichts mehr als Fäulnis....

Für diesen schmutzigen kleinen Lumpen.

Schreckliches Fahnentuch, an den Schaft genagelt, ich hasse Dich mit wildem Haß; ja, ich hasse Dich mit ganzer Seele für all das Elend, das Du darstellst, um des frischen Blutes willen, um des menschlichen Blutes willen mit seinem herben Geruch, das in Deinen Falten klebt; ich hasse Dich im Namen der Totengebeine....

Es waren 1 500 000....

Ich hasse Dich um derer willen, die Dich grüßen; ich hasse Dich wegen der Halunken, wegen des Lumpenpacks, wegen der Huren, die in der Gosse ihren Hut vor Deinem Schatten ziehen; ich hasse in Dir die ganze alte, hundertjährige Unterdrückung, den bestialischen Gott, die Herausforderung an uns Männer, die wir nicht zu sein verstehen; ich hasse Deine schmutzigen Farben, das Rot ihres Blutes, das Blau, das Du dem Himmel stahlst, das bleiche Weiß Deiner Gewissensqualen....

Laß mich, elendes Symbol, ganz allein weinen, mit vielen Tränen beweinen die 1 500 000 Männer, die gestorben sind, und vergiß nicht, trotz Deiner Generäle, Deines vergoldeten Eisens und Deiner Siege, daß Du für mich nichts weiter als ein A . . . wisch bist.

6. März 1924. Jean Zay." (11)

Mit diesem „Gedicht" zieht Zay die Aufmerksamkeit Heriots auf sich, dem er mit 27 Jahren einen Abgeordnetenposten im Loire-Departement verdankt. Abermals zwei Jahre später ist Zay als Hauptsachverständiger für Innenpolitik auf dem Kongreß der Radikalen vertreten. Dort lernt er Léon Blum kennen, und seine in allen Vorschlägen wiederkehrende Feststellung, „Neger gleich Weiße", die seine rechte Einstellung zur Rassenfrage kennzeichnet, läßt ihn schnell einen Kontakt zur obersten, jüdisch geleiteten Parteiführung finden. Diesen Beziehungen verdankt er im Januar 1935 die Berufung als Staatssekretär in die Regierung Sarrauts. 31½ Jahre ist Zay alt und damit schlägt er selbst den Altersrekord Poincarés, der erst mit 32 Jahren in die Regierung kam.

Als nun Blum das Steuer in die Hand bekam, ernannte er seinen Rassegenossen zum Erziehungsminister. Denn Blum, dessen zersetzende Anschauungen über die Familie durch sein Buch „Über die Ehe" bekannt sind, brauchte ein rassisch gleichgeartetes Werkzeug für die Vernichtung des französischen Volkes. Die politischen Verhältnisse zwangen Blum, von seinem Ministerposten abzutreten, Zay aber blieb.

Die ersten Arbeiten des jüdischen Kultusministers bestanden nun darin, seine Artgenossen mit Ämtern und Ehren zu versorgen. Zunächst wurde einmal sein Vater in die Ehrenlegion aufgenommen. Die Ämterverteilung an Rassegenossen fiel aber mit der großen Aufgabe der geistigen und kulturellen Zersetzung des Landes zusammen. Sein Kabinettschef ist Abraham, der zugleich das französische Unterrichtswesen im Ausland betreut. Präsident des „Höchsten Rates" für öffentliches Unterrichtswesen ist Zay selbst, Vizepräsident der Jude Emile Picard, dem die Juden A. Mayer, L. Spillmann, Jacob, F. Mosse, M. Schwob-Sommer u. a. unterstehen. Im Collège de France sind die bekanntesten Juden: André Mayer, Louis Nathan-Larrier, Marcel Mauß, Isidore Lévy, Paul Lion, Jules Bloch. In der Ecole Nationale des Langues sind acht Juden vertreten. Noch stärker ist der Anteil an der Ecole Practique des Hautes Etudes, wo neunzehn Juden als ständige Professoren lehren.

Im Obersten Rat für wissenschaftliche Forschungen sind außer den im obengenannten Rat Bezeichneten noch weitere elf Juden. Das wirkt sich dann so aus, daß ein Moise Haissinski 32 000 Franken für physikalische Forschungen erhält, ein Kopinoff mit 23 000 für biologische Untersuchungen honoriert wird und ein Kogbeliantz für mathematische Untersuchungen 36 000 Franken bezieht, um nur einige Beispiele zu nennen. (3)

Natürlich versorgt auch Zay seine eigenen Verwandten. Seine Schwester erhielt den amtlichen Auftrag von 200 000 Franken, um für den französischen Pavillon auf der Weltausstellung in Newyork eine Freiheitsstatue zu schaffen. (4) In der Academie Française ist das Judentum in einer Zahl vertreten, die dem Gesamtanteil in Frankreich entspricht. An der Rechtsfakultät lehrt Henri Lévy-Bruhl Geschichte des französischen öffentlichen Rechts, sowie das römische Recht. Vier andere Juden lehren privates internationales Recht, Wirtschaftspolitik, industrielle Gesetzgebung und Wirtschaft, Gesetzgebung und Wirtschaft im Ackerbau. Die theoretische Lehre in der medizinischen Fakultät umfaßt fünf Juden, die klinische insgesamt sechs. Mathematik lehrt Jules Drath, in der Physik sind es zwei, in der Chemie vier Juden, darunter Frau Irène Joliot-Curie; in den Naturwissenschaften sind acht Juden vertreten. Die Fakultät für Literatur und Ecole Normale Supérieure umfaßt dreizehn Juden. Damit ist ein kurzer Überblick über die Verjudung der ersten Hochschule Frankreichs gegeben. – Zum Direktor der Schönen Künste ernannte Zay den Juden Huisman, zum Titular-Generaldirektor und zum Professor am Collège de France den Juden Paul Léon. Leiter der National-Bibliothek wurde der Jude Julien Cain. (5) Im Louvre sitzen Juden, die nicht einmal in Frankreich geboren sind und erst in den letzten Jahren naturalisiert wurden. Die Leitung des Konservatoriums von Paris, die zur Zeit unbesetzt ist, will Zay dem Juden Darius Milhaud übergeben, von dessen Musik der bekannte französische, judengegnerische Musikkritiker Rebatet schrieb, daß sie „uneigen, anarchistisch, unvollkommen, voll von Gestohlenem, das Bild Israels" sei. Der direkte Anteil Zays an der Verjudung des französischen Kulturlebens ist kaum zu erschöpfen. Stets läßt sich aber die beliebte Taktik feststellen, daß Juden auf solche Posten gesetzt werden, die ihnen einen organisatorischen Einfluß sichern – Schlüsselstellungen, durch die sie die Entwicklung leiten und zugleich Gelegenheit haben, ihre Artgenossen auf gute Posten zu setzen.

Zays Stellung als Unterrichtsminister gibt ihm die Möglichkeit, von oben her die Zersetzungsarbeit an der Jugend durchführen zu lassen. Seine Verordnungen werden daher selten im Parlament vorgelegt, um die Billigung der Volksvertretung zu erlangen und damit Gesetz zu werden. „Temps" schrieb, daß es zweierlei Gesetze gäbe, solche, die angewandt werden, bevor sie gemacht sind, und solche, die niemals angewandt werden, sobald sie in Kraft getreten sind. Seine Erziehungspolitik wird vielmehr durch Rundschreiben und Telephonanrufe geführt. Die schwerwiegendsten Anordnungen sind noch unter Blums Herrschaft getätigt worden. Die alten Unterrichtspläne wurden aufgehoben, ohne die neuen richtig durchzuführen. Dadurch ist das ganze Erziehungssystem in Unordnung geraten. Der Übergang von der Volks- zur höheren Schule ist nicht geregelt. Die freien höheren Schulen, in denen die Kinder wenigstens zum Teil in Unabhängigkeit vom Ministerium erzogen werden, unterdrückt Zay, indem er gewisse Laufbahnen für die

Kinder solcher Schulen sperren läßt. Er versucht, die Kinder dem elterlichen Einfluß durch eine besondere Freizeit und Feriengestaltung zu entziehen; die Gefahr in dieser Maßnahme liegt in der Tatsache, daß ein großer Teil der Lehrerschaft marxistisch oder kommunistisch eingestellt ist. Naturgemäß wendet sich gegen diese Schulpolitik die gesunde Elternschaft und nicht selten sind Stimmen wie diese:

> „Es gibt Feiglinge, die den Moment ausnutzen, wo die Geister beschäftigt sind, um Familienfreiheiten, die uns noch bleiben, tiefer zu untergraben. Tückische Angriffe auf die Unterrichtsfreiheit, Angriffe auf die Familienfreiheit unter dem Vorwand, die Kinder, die außerhalb des väterlichen Wohnortes leben, zu überwachen, militärischer Druck auf die Jugend durch Ferienlager und geregelte Freizeit, und so weiter.... Alles das kommt durch einen methodischen Plan. Kommt durch einen Willen, die Geister zu versklaven, zu zerkneten, zu verkrüppeln, ihnen die Lehrsätze eines verdorbenen Staatswesens aufzuzwingen." (6)

Ein „Experiment", wie Zay selbst sagt, führt er bei der letzten Volksschulklasse durch, der sogenannten Orientierungsklasse, wo über die Elfjährigen entschieden werden soll, welchen Beruf oder welches Studium sie ergreifen sollen. Die Orientierung geschieht unter Kontrolle der Lehrer. Die eigentlichen Hintergründe dieser Umgestaltung des Schulwesens sind aus den maßgeblichen „Pädagogischen Informationen" des Juden Weiller ersichtlich. Es sollen solche Kinder herausgesucht werden, die den nötigen revolutionären Geist besitzen. Sie haben die Aufgabe, wie „Populaire" erklärte, „die technischen Marschblocks, die für die Errichtung des Sozialismus notwendig sind, zu bilden". Der geistige Urheber des Gedankens einer Orientierungsklasse ist Léon Blum. Damit ist die enge Verbindung zwischen ihm, seiner Partei und Zay nachgewiesen. Blum schrieb im „Populaire":

> „Ein System der vollständigen Orientierung und Bestimmung über die Kinder kann nur in einem einzigen nationalen System einbegriffen sein, das wiederum ein Kollektivsystem der Arbeits-, Produktions- und Verteilungsorganisation der Reichtümer einschließt, eine Übereinstimmung zwischen Bedürfnissen und Geldquellen." (7)

Solchen Verdiensten zollte die Volksfront-Regierung Anerkennung, indem sie Zay zum Grand Maître der Universität von Frankreich ernannte.

Um seine Erziehungspolitik in guten Händen zu wissen, sorgt Zay dafür, daß eine gut ausgerichtete Lehrerschaft hinter ihm steht. Was seine Rundschreiben nicht schaffen, bewirkt das Programm der C.G.T., denn ihr müssen alle Lehrer angehören, wollen sie überhaupt auf Beförderung rechnen. Es sind vor allem drei gewerkschaftliche Vereinigungen, die eine besondere Bedeutung besitzen: das „Syndicat national et Cégétiste der Lehrer", das vor allem die Ernennungen und die Lehrpläne prüft. Es veröffentlichte am 9. April 1938 eine Erklärung, in der es hieß:

„Wir proklamieren in aller Öffentlichkeit, daß die Arbeiter in keinem Fall und unter keinem Vorwand den Krieg zwischen den Nationen annehmen dürfen. Ihr Heldentum, ihr Blut und Leben schulden sie nur dem Klassenkampf, der die Proletarier aller Länder der besitzenden Klasse aller Länder gegenüberstellt, schulden sie der sozialen Revolution." (8)

Die beiden anderen Vereinigungen sind die „Fédération générale et cégétiste de l'enseignement" und die „Ligue de L'enseignement". Die letztere hat die alleinige Schirmherrschaft über die Ferienkolonien, die körperliche Erziehung und Kultur, Lehrkinos u. a. mehr. Die Stärke der Vereinigung zeigte sich bei dem Generalstreik, den die C.G.T. am 30. November 1938 ausrief. Das Natonalsyndikat stellte allein 20 000 Streikende. Die Lehrer wurden aber nicht entlassen oder bestraft, wie es mit allen anderen streikenden Arbeitern geschah, sondern Zay gestattete Sammlungen in den Schulen, um ihnen den Lohnausfall zu ersetzen, und setzte sie auf die Beförderungsliste an erster Stelle, wogegen sich ein wilder Proteststurm erhob.

Das ist nicht das erstemal, daß sich Zay gegen die Regierung stellt, der er angehört. In den entscheidenden September-Tagen erklärte er — wie Duff Cooper —, aus seinem Amt zu scheiden, wenn Daladier nach München gehe. Cooper ging auch wirklich nach den Erfolgen von München, aber Zay hatte sein Wort vergessen. Dafür hetzte er um so heftiger in jenen Tagen zum Krieg. Ja, er hatte sogar einen Berater für die Organisation wissenschaftlicher Arbeiten, die im Interesse der nationalen Verteidigung liegen, in sein Kabinett berufen: André Mayer, einen Juden.

Es kann nicht verwundern, daß der jüdische Kultusminister von einem jeden ehrlichen Franzosen abgelehnt wird. Die „Action Française" schrieb über Zay:

„Derjenige, den „l'Etudiant français" entweder die „Kloakenratte" oder den „Fahnenträger der Universität" nennt, ist im Begriff, alles einmütig gegen sich zu stimmen. „Temps", „l'Ecole française", „Débats", „Liberté du Sud-Ouest", alle haben nur eine Stimme: Zay ist eine öffentliche Geißel."

„Ecole française" schrieb ebenso freimütig über den Juden Zay:

„Allein schon die Gegenwart von Herrn Zay an der Spitze der nationalen Erziehung ist eine sonderbare Regelwidrigkeit: man muß sie der Vernunft entsprechend finden, nur weil er unser Minister ist." (9)

Der tiefe Haß läßt sich durch nichts zurückdrängen. Als im November 1938 die feierliche Wiedereröffnung der Sorbonne unter dem Vorsitz des Präsidenten der Republik, Lebrun, stattfand, und Zay sich unter einem Himmel von französischen Fahnen photographieren ließ, erhob sich ein Entrüstungssturm unter den Studenten, von denen allerdings nur ein Drittel Franzosen sind. Rufe wie: „Es lebe Frankreich!", „Es lebe die Fahne!", „Nieder mit den Juden!" zeigten die Richtung an, aus der der Wind wehte. (10) –

Durch krankhafte Bemühungen um Volkstümlichkeit, versucht Zay sich wieder beliebt zu machen. Er läßt sich auf dem Mont-Martre den Lambeth-Walk lehren, besucht die Kasperle-Theater in Luxembourg, ohne dabei zu vergessen, die Presse davon zu unterrichten. Allerdings hat das auch seine Nachteile. Denn im Refuge Vallot gelang es einem tüchtigen Reporter, den Minister im aufgeknöpften Pyjama zu photographieren. Das Bild machte die Runde durch die französische Presse und wurde viel belacht. Seitdem wird die Photographie regelmäßig mit dem „Fahnenlied" auf Flugblättern verwandt. Sonst aber stellt sich Zay gern den Presse-Photographen, so etwa beim Jiu-Jitsu-Kursus oder bei einem Boxkampf mit Hore-Belisha.

Der Kultusminister Zay verkörpert selbst die jüdische Zersetzung, die durch seine ministeriellen Verwaltungsstellen insbesondere die heranwachsende Jugend gefährdet. Die anderen kulturellen Einrichtungen weisen gleichfalls eine in erschreckendem Maße fortgeschrittene Verjudung auf.

XVII. Die Juden in den akademischen Berufen.

Die jüdische Hilfsbereitschaft untereinander ist ein Grund für den verhängnisvollen Einbruch des Judentums in die akademischen Berufe. Die vielen Syndikate, die Ärzte, Rechtsanwälte und anderen Organisationen machen einen Gesamtüberblick der Verjudung unmöglich. Immerhin steht fest, daß der Rechtsanwaltsstand in Paris zu 40 vom Hundert verjudet ist. Im Elsaß steigt der Hundertsatz sogar auf 50. Beim Berufungsgericht in Paris waren 1938 ungefähr 350 Juden. Unter den Probe-Kandidaten zählte man ungefähr 20 vom Hundert. Der starke jüdische Anteil erklärt sich aus der Tatsache, daß der Rechtsanwaltsstand das Ausgangsstadium für die höhere politische Laufbahn darstellt. Dennoch sind eine Reihe besonders charakteristischer jüdischer Rechtsanwälte in Erscheinung getreten, von denen More-Giofferi einer der bekanntesten ist. Er vertritt seine Rassegenossen in schwierigen Fällen und hat auch jetzt die Verteidigung des Mörders des deutschen Gesandtschaftsrats vom Rath übernommen.

Für die französische Volksgesundheit und damit für den Bestand der Nation am verhängnisvollsten ist die erschreckende Zahl der Juden in der Ärzteschaft. Weniger durch die eingeborenen Juden, als vielmehr durch die eingewanderten ist der hohe Hundertsatz hervorgerufen worden. Daß sich aber soviel Juden als Ärzte und Studenten nach Frankreich wandten, hat seinen Grund in der großzügigen Haltung der zuständigen Stellen und den günstigen französischen Gegebenheiten.

Der Minister für öffentliche Gesundheit, Marc Rucart, ist als früherer Siegelbewahrer des ersten Kabinetts Léon Blums den Juden verpflichtet. Der jüdische Erziehungsminister Jean Zay sorgt dafür, daß an den Hochschulen und Instituten seine Rassegenossen gut untergebracht werden.

Ist es nicht gelungen, einen jüdischen Arzt in Frankreich unterzubringen, so gibt ihm der jüdische Kolonialminister Mandel einen Posten als Sprecher bei medizinisch-kolonialen Konferenzen, oder er bringt ihn in den Kolonien unter. Für einen französischen Arzt ist es schwer, sich in den Kolonien niederzulassen. So ist z. B. für Tunis längere Aufenthaltsdauer der Eltern, die Dauer der Berufsausübung, Ausbildungsdauer usw. ausschlaggebend, während ein Tunesier nur das französische Staatsdiplom braucht, um sich in Frankreich einzurichten.

Aber auch in Frankreich selbst genießen die eingebürgerten Ärzte größere Vorteile als die französischen. Sie sind z. B. vom Militärdienst befreit, sobald sie zwei Kinder besitzen und 27 Jahre alt sind. Sie werden sogar sofort aus dem Dienstverhältnis entlassen, wenn sie das Alter während der Dienstzeit erreichen. Ein Arzt französischer Abstammung dagegen ist unter den gleichen Bedingungen militärdienstpflichtig. (6)

Die französische Gastfreundschaft geht sogar so weit, daß ein Arzt seinen Beruf ausüben kann, ohne eingebürgert zu sein. Er kann selbst ohne jegliches Diplom ein Laboratorium für medizinische Analysen eröffnen. Daraus erklärt sich der immer mehr anwachsende Zuzug von ausländischen Ärzten, von denen die Juden einen sehr hohen Prozentsatz ausmachen. Ihr Wert ist problematisch. Das bezeugt eindeutig diese Statistik: 97 % aller Verurteilungen von Ärzten in Frankreich entfallen auf die Eingewanderten. (6)

Im Jahre 1911 stellten die Juden 2,5 % der Ärzteschaft der région parisienne (Pariser Stadtbezirk). Bis 1931 war der Anteil auf 10 % gestiegen, um schließlich 1938 auf 35 % emporzuklettern. Im gesamten Seine-Marne-Departement sind 25 % Juden und für ganz Frankreich beträgt der Hundertsatz 15. Der Höhepunkt ist indessen noch lange nicht überschritten, denn ein noch bedeutend größeres Ausmaß nimmt die Verjudung der Medizin-Studenten an. Von 3282 Studenten der medizinischen Fakultät von Paris waren 1935 insgesamt 1530 Ausländer, fast alles Juden. 1936 stellten 166 ausländische Ärzte und Studenten den Einbürgerungs-Antrag. Von ihnen waren 128 Juden. 1937 machte der jüdische Anteil in der Naturalisation von ausländischen Ärzten und Medizin-Studenten 83 % aus. (3)

Bei den Professoren und Assistenten der Medizin beträgt der jüdische Anteil 10 %, was sich wohl aus dem verhältnismäßig geringen Entgelt erklärt. Dagegen ist der Hundertsatz in den Krankenhäusern und Hospitälern mit 14 % schon höher. In den leitenden Stellungen nehmen die Juden beträchtlich größeren Raum ein. So entfallen auf 12 Mitglieder des Ärztekollegiums der Hospitäler 5 Juden, d. h. 41 %. Bei den heranwachsenden Kräften der Krankenhäuser macht sich, wie bei den Medizin-Studenten, ein noch stärkerer Anteil des Judentums bemerkbar. Von den Assistenten stellten die Juden 1931 etwa 21 %. Schon im nächsten Jahr stieg der Anteil auf 32 %, während heute über ein Drittel aller Assistenten (Paris) Juden sind. Der gleiche Zustand wie in den Krankenhäusern und Hospitälern findet sich auch in den Militärlazaretten.

Über die anwachsende Verjudung der freien Ärzte im Seine-Departement berichtet eine Aufstellung, die alle Ärzte in drei Gruppen trennt, von denen jede eine bestimmte Prüfungsordnung besaß. Unter den vor 1900 promovierten Ärzten waren 2,5 % Juden. Unter den von 1900 bis 1926 ernannten Ärzten schon 15 %, und von 1929 bis 1936 schließlich 35 %. Diesen Zahlen entsprechend gestaltete sich auch die Verjudung in den Gemeinden des Seine-Departements. So sind zum Beispiel in der Gemeinde Levallois-Parret des Seine-Departements von 36 Ärzten 10 Juden. Von

6 Ärzten, die sich dort seit zwei Jahren niedergelassen haben, sind 5 Juden. In Saint-Ouen-sur-Seine stellen die Juden 10 Ärzte von insgesamt 24. Von diesen 10 sind aber 7 noch nicht naturalisiert.

Die städtischen Einrichtungen des Gesundheitswesens von Paris sind fast ausschließlich eine jüdische Domäne, besonders die Armenberatungsstellen und Apotheken. Ein Zettel, der offiziell in den Schulen des vierten Bezirks von Paris verteilt wurde, gibt am besten Aufschluß über den jüdischen Einfluß.

Montag:

Vormittags 9 Uhr: Dr. Carrasic, allgemeine Medizin (prakt. Arzt); 10 Uhr: Frau Kipen-Katz, zahnärztlicher Dienst; 11 Uhr: Dr. Merenfeld, O.R.L.

Abends (nachmittags) 2 Uhr: Frau Wassilkowsky, Schwangerschaft; 5 Uhr: Dr. Bernstein, allgemeine Medizin.

Dienstag:

Vormittags 10 Uhr: Dr. Silber, Gynécologie; 10 Uhr: Dr. Wurmser, Harnkrankheiten, Krampfadern; 11 Uhr: Dr. Chara, allgemeine Medizin; 11 Uhr: Dr. Cohen V, id.

Nachmittags 5 Uhr: Dr. Smeliancki, id.

Mittwoch:

Vormittags 10 Uhr: Dr. Bronstein, Augenkrankheiten; 10 Uhr: Dr. Kohen I, allgemeine Medizin.

Nachmittags 8 Uhr: Dr. Rosenberg, id.

Donnerstag:

Vormittags 10 Uhr: Dr. Seilinger, allgemeine Medizin.

Nachmittags 2 Uhr: Frau Wassilkowsky, Schwangerschaft; 2 Uhr: Dr. Wassilkowsky, allgemeine Medizin.

Freitag:

Vormittags 9 Uhr: Dr. Rosenberg, allgemeine Medizin; 11 Uhr: Dr. Finikoff, id.

Nachmittags 5 Uhr: Dr. Asmus, id.; 5 Uhr: Dr. Sloimovici, Hautkrankheiten. (4)

In diesem Wochenplan ist kein einziger Nichtjude zu finden. Ähnlich sieht es in Argenteuil, Bobigny und Clichy aus. Gerade von dem letzten Bezirk wußte Céline zu erzählen. Allerdings trug er auch die Folgen. Nach der Veröffentlichung seines bekannten Buches wurde er „fortgeschaukelt", und an seine Stelle trat ein Jude aus Deutschland.

Daß den Juden der Sanitätsdienst in den großen verstaatlichten Werken eingeräumt wurde, besorgte die allmächtige C.G.T. Auch das Institut für

Berufskrankheiten, eine der wichtigsten medizinischen Einrichtungen in Frankreich, steht unter jüdischem Einfluß. Ist auch sein Leiter, Prof. Crouzon, kein Jude, so hat der Jude Haussler doch das Heft in der Hand. Das bewies er mit der Absetzung der französischen Leiterin des Laboratoriums, die er durch einen Juden aus Deutschland ersetzte.

Das Bild der verjudeten französischen Medizin wäre nicht vollständig ohne die Erwähnung des über die Grenzen Frankreichs bekannten „Institut Pasteur". Auch hier ist der Leiter nicht Jude, dafür aber sein Stellvertreter Ramon. Dieser versuchte sich selbst zum Direktor zu ernennen, als der Leiter starb, mußte aber auf Grund des energischen Protestes der französischen Ärzteschaft in seine alte Stellung zurückkehren. Dem Institut gehören außer Ramon 30 Juden an. Ihre Aufgabe besteht in der Erforschung von Impfstoffen, und „die Kinder in den Schulen, die Soldaten im Regiment, sind die Versuchskaninchen dieser Herren", wie „Le Pilori" (Nr. 5, 38) ironisch feststellt. Gerade bei der Verjudung des Pasteur-Instituts zeigt sich mit erschreckender Deutlichkeit die Gefahr, die für Frankreich aus dem starken Anteil des Judentums an der Ärzteschaft erwächst.

Die Judengegner haben die jüdische Gefahr durchaus erkannt, wie aus folgender Feststellung hervorgeht:

> „Man muß nun mit aller Kraft den Anteil der Juden an dem medizinischen Beruf begrenzen in dem Verhältnis der wirklichen jüdischen Bevölkerung in unserem Lande, und die Judenfrage so durch eine offizielle Verordnung in Frankreich lösen. Das Leben unseres Landes steht auf dem Spiel." (5)

XVIII. Die Juden in der Musik und den bildenden Künsten.

Auch in der Musik ist das Judentum tonangebend vertreten. Im „Obersten Rat" des Konservatoriums sind die Juden Edmond Sée, A. Bloch, Weyl, genannt Romain Coolus, Abram, Georges Berr, Mary-Long und andere mehr vertreten.

Das Judentum hat besonders in der Interpretation einige Fähigkeiten entwickelt, was den starken Anteil bei den Solisten erklärt. Die bekanntesten jüdischen Pianisten sind: Tagliaferro, Alem-Chené, L. Levy, Mary-Long und Staub. Der meist genannteste Violinist ist der Jude Hecking. Sie sind sowohl in den großen Pariser Konzertsälen wiederzufinden, als auch im Rundfunk. Die drei Sterne unter den jüdischen Musikern aber sind: Darius Milhaud, Bruno Walter und Gustav Mahler. Bruno Walter ist erst seit der Rückkehr der Ostmark ins Reich naturalisiert worden — innerhalb von 14 Tagen. Gustav Milhaud, ein begeisterter Wagnerianer, der „chaotisch" ist, — „bei ihm ist nicht der Schatten eines musikalischen Aufbaus zu finden". (1)

Darius Milhaud, „unermüdlicher Verfasser von unsauberer, unanständiger Musik", ist einer der bestbezahlten jüdischen Komponisten. 1938 wurde der Generaldirektion der schönen Künste, die unter Leitung des Juden Huysman steht, ein Kredit von 3 Millionen Franken für arbeitslose Künstler zugebilligt. Davon erhielt Milhaud 50 000 Franken. Er steht in besonderer Gunst des jüdischen Erziehungsministers, der ihn zum Leiter des Konservatoriums vorgesehen hat. Milhaud hat u. a. die Musik zur Eröffnungs-Novital der Comédie française geschrieben, sowie die Musik zu den Empfangsfeierlichkeiten des englischen Königspaares. Mit Milhaud und Gustav Mahler wollte Zay im Sommer 1938 ein „französisches Salzburg" organisieren, indem er die überflüssig gewordenen Juden Bruno Walter, Toscanini und Max Reinhardt verpflichtete. Es blieb aber bei dem Plan. (2)

Was das jüdische Element in der Malerei und Plastik bedeutet, kann am besten ein Franzose sagen, der die gesamte Entwicklung mitgemacht hat:

> „In Abscheu vor dem Akademiebetriebe kann ich versichern, daß ich mich mit allen Verrücktheiten und Tollheiten der Zeit beschäftigt habe. Ich habe mich erst ganz allmählich von den Betrügereien und Unfähigkeiten, die sie in sich schlossen, überzeugt, und von der Rolle, welche die Juden spielten. Diese erste Judenschaft von Montparnasse war reich an Begabungen und eigenartigen Persönlichkeiten: Modig-

liani, sein ursprünglicher Adel, seine Anmut; Pascin, seine sorglose Flüchtigkeit und lästige Geilheit; Kisling, tapferer Kämpfer der Legion, sein scharfer, oft amüsanter Ton. Aber alle diese Juden und sehr viele andere, wie Zack, Max Band, finden sich unwillkürlich in derselben Tätigkeit, alles auflösend. Die Farbe ist eine Zersetzung der französischen Farbenpalette, die Form ist flüchtig und nicht zusammengefaßt. Das plastische Empfinden wird durch Intelligenz ersetzt. Ihre Pseudostilisierung, die Berührung mit dem wirklichen Leben ist nichts weiter als eine willkürliche Verkrüppelung und endigt in der Karrikatur. Es gibt nichts schrecklicheres als die flüchtig angehäuften Stümpfe und Unvollständigkeiten von Zadkine oder Lipschitz, als die grauenhafte Fäulnis des Ghetto, die Soutine mit seiner Maurerkelle schafft. Nichts ist weiter entfernt von der wunderbaren französischen Kunstlinie von Chartres bis zu Auguste Renoir. Die Juden der „Ecole de Paris" haben von seinen Resten gelebt. Sie haben nichts erdacht, sie haben Cézanne aus den Fugen gebracht, seine Farben erlöschen lassen, den Zöllner Rousseau mechanisch nachgeahmt, den genialen Van Gogh nachgeäfft, die Kühnheit von Matisse in Anarchie verwandelt. Was den Kubismus anbelangt, so ist der Christ Guillaume Apollinaire sein wahrer Erfinder.

In jedem Salon, in jeder Ausstellung sehen wir, daß französische Künstler der jüdischen Zersetzungsarbeit geopfert werden. Und die Zahl der jüdischen Schmierer hört nicht auf zu wachsen, auszustellen, die verderblichsten Schablonen zu verbreiten. Noch verderblicher ist ein anderer Einfluß, der der Bilderhändler. Sie haben die schönsten Sammlungen.

Aber diese Begabung ist unzertrennlich bei ihnen von der ewigen Spekulation. Von dreimalen ist zweimal ein Bild für sie nicht nur eine schöne Sache, sondern ein Wert, der steigen kann. Eine ausschweifende jüdische Malerei-Börse ist in Paris entstanden. Seit 20 Jahren nennen sich die großen Gemäldekaufleute in Paris oder haben sich genannt: Georges Wildenstein, jüdischer Kämpfer, der Rothschild in seinem Fach; Rosenberg, Georges Bernheim, Bernheim jun., Marcel Bernheim, Berthe Weil, Zak, Zborowsky, Kaganovitch, Billiet Worms, Jos Hessel, Simonson, André Weil, Kleinberger, Seligmann, Birtchansky usw. usw. Diese Kaufleute haben Bilder aufgekauft, um die Preise zu steigern, haben fiktive Käufe organisiert, haben unbedeutende Gemälde oder lächerliche mit Hilfe der im Grand Conseil des Beaux Arts befindlichen Juden und der jüdischen Kritiker in die Museen gebracht. So haben sie dem Markt Mittelmäßigkeiten aufgezwungen, Scheußlichkeiten, welche die sinnlosesten Moden hervorbrachten." (3)

XIX. Die Juden in Film, Theater und Literatur.

Am weitaus stärksten in den kulturellen Einrichtungen ist der jüdische Anteil beim filmischen Schaffen. Das gilt sowohl für Filmgesellschaften und Kinobesitzer wie auch für die Darsteller. Unter den Produzenten sind die Juden mit 80 v. H. vertreten. Die bekanntesten jüdischen Produktionsgesellschaften sind:

Paris Ciné Production: André Aron; Eden Production: Bentata; Capitole Film: Noel Bloch; Parnase Film: René Blum; Studios Paramount de Saint Maurice: J. Blumenthal; Sociéto Agatos, Production Meba: Pierre Braunberger; Les Films L. B. Cohen: Léon B. Cohen; Filme Osso: Direktor N. Cohen; Studios Pathé: Charles David; Film Osso: Raphael Epstein; Milo Film: S. Epstein; Flora Film: Max Glaß; Comoedia Film: Max Glaß; Films Haick: Jacques Haick; Films Hakim: Raphael, Raymond, Robert Hakim; Luna Films: Hourvitch; Films Albatros: Alexandre Kamenka; Paramount: Klarsfeld; Fox-Films: Koenig; Paris-Studio Cinéma: Lauer; Arci Film, Imperial Film, S.E.D.I.F.: Lucachevitch; Colodis S.S. und Film Osso: Bernard und Emile Natan, Adolphe Osso; Films de Sacha Guitry: Serge Sandberg; Distributeurs Français: Sassoen; Flog Film: Schiffrin; Cie Française Cinématographique, Films Vega: J. Schwob d'Héricourt; Gallic Film: David Souhami; Metro-Goldwin und Mayer: Stein; F.U.F. und Paris-Franco-Production: Henri Ullmann; Les Distributeurs associés: Fernand Weill; Films Albotras: Zederbaum. (1)

Den Stoff zu diesem Film liefern in der Hauptsache Juden.

Die führenden Drehbuchverfasser sind:

Tristan Bernard, Henry Bernstein, Betove (Levy), Romain Coolus, André Lang, Marc-Hély, Mme. Mayerhoffen, Oswald, Siegmann-Mathos, Schwob, J. Tzipine, Robert Blum.

Die Verarbeitung der jüdischen Elaborate geschieht meistens durch Juden, die unter den Regisseuren einen Anteil von 80 v. H. ausmachen. Die meist genanntesten sind:

Jean Benoit Levy, Raymond Bernard, Maurice Diamant-Berger, Marie Epstein, Jean Epstein, Abel Gance, Maurice Lehmann,

Anatole Litvak, Jacques Natanson, Max Ophuls, Tedor Ozep, Robert Suedmak, Kurt Gerron.

Die Darstellung und Gestaltung des Stoffes übernehmen ebenfalls zum größten Teil jüdische Schauspieler und Schauspielerinnen. Einige der vielgepriesenen Stars sind:

J. P. Aumont (Salomon), J. P. de Baer, Harry Baur, Léon Melières, Armand Bernard, Roger Blum, Olga Braun, André Burgère, Charlewsky, Dhelia Col. Dalio, Lucien Dalsace, Jean David, Léo David, Rachel Devirys, Dorville, Marie Dubas, Samson Fainsilber, Ester Kiß, Vera Korène, Charles et Adrien Lamy, Albert Levy, Armand Lurville, Henry Mayer, Mihalesco, Mirell Olly Flint, Marianne Oswald, Nadine Picard, Rahna, Nicolas Rinsky, Jean Rosemberg, Lucien Rosenberg, Guy Simon, Aimé Simon-Gérard Tabet, Paul Velsa, Mme. Ventura, Jean Wall, Marcelle Worms, Juliette Zahn, Marc Sihoulsky. (1)

Um den Kreis zu schließen, gelangen die Filme in der Hauptsache in jüdischen Kinohäusern zur Aufführung. 70 v. H. aller Pariser Lichtspielhäuser sind in jüdischer Hand. Die feudalsten in Paris und anderen französischen Großstädten unter ihnen sind:

Paramount: Agraman; Victor Hugo Pathé: Aaron; Palace du Rond - Point: Berck; Cinéma de l'avenue: Bernheim; Cinéma du Touquet: Blum; Cinéma Delambre: Chaloob; Le Helder: Dager; Rambouillet Palace: Eisenstein; Cinéma de l'Hotel de Ville: Goldberg; Studio 28: Gros; Cinéma Excelsior in Pontoise: Grunfeld; Apollo: Hirsch; Escurail in Nizza: Kahn; Studio Uinversel und le Camera: Libermann; Studio de l'Etoile: Medioni; Cinéphone: Israel Mougouisky; Parnasse Studio: Nachbaur; Ciné Unifranc: Natansen; Ciné l'Auto: Nemcrousky; Magic Ciné Paris: Offmann; Ciné de Montrouge: Ritmann; Ciné Paris-Soir: Rosenthal; Ciné in Elbiar, Algérie: Samuel; Max Lindner; Marivaux, Olympia in Biarritz, Césac, Moulin-Rouge, Cinés de la Cote Basque, Sté des Cinés de l'Est: Mayer - Siritzky; Le Balzac: Schpoliansky; Ciné Le Stephens: Tompwsky; Olympia-Gaumont in Bordeaux: Ullmann; Les Miracles, Lord Byron, Le Paris: Umansky; Ciné Paris-Soir: Winberg; Sèvres Pathé und Cinéma Excelsior in Paris: Weißmann; Alésia - Ciné in Paris: Jean und Pierre Wertheimer; Gaité-Clichy, Le Forum, l'Artistic in Paris: Mme. Zeysig. (1)

Der Inhalt der Filme entspricht im allgemeinen dem der Theaterstücke, wenn von den klassischen Aufführungen abgesehen wird. Der Präsident des

Bauernbundes von Frankreich stellte in einer Untersuchung der Filmproduktion des Jahres 1936 fest, daß in den Filmen mit großem Erfolg folgende Delikte zu verzeichnen waren:

> 310 Mörder, 104 Raubüberfälle, 74 Verbrechen von Erpressungen und Kinderraub, 43 schmerzhafte Brände, 14 Staatsverbrechen, 642 Diebstähle, organisiert von Banden, 165 einfache Diebstähle, 183 falsche Zeugenaussagen, 54 Verderben der Minderjährigen, 405 Ehebrecher.

Die Titel der Spitzenfilme lauteten:

> „Die Kellnerin", nach dem gleichnamigen Roman. „Ein Abenteuer in Paris". „Die lustige Witwe" (hergestellt für Kinder). „Boccaccio". „Nacht der Orgien" (in welchem nur skandalöse Szenen waren). „Cinderella" oder „Die nackte Tänzerin". „Szenen aus Arabien" oder „Eine Nacht im Harem". „Matrosenlieben". „Lustige Mädchen". „Nana". „Mutterschaft" (mit einer Szene, welche die Schändung enthält).

Daß solche Filme überhaupt an die Öffentlichkeit gelangen konnten, ist aus der Tatsache zu erklären, daß der Präsident der Zensur der Jude Edmond Sée ist. (2)

Daneben ist das gesamte Filmunternehmen für das Judentum ein äußerst einträgliches Geschäft, das auf Kosten der französischen Wirtschaft geht. Von dem Ausmaße der jüdischen Filmtruste gab ein Skandal Ende des Jahres 1938 einen guten Aufschluß. Der aus Rumänien eingewanderte Jude Tannenzapf alias Bernhard Nathan wurde wegen Unterschlagung von 400 Millionen Franken angeklagt. Insgesamt hatte der Trust 700 Millionen Franken durch Betrügereien eingebüßt. Nathan ist ein typischer Vertreter der Filmjuden. 1906 kam er nach Frankreich und begann mit der Herausgabe von obszönen Filmen, die nur in bestimmten Häusern gezeigt wurden. Dafür erhielt er eine viermonatige Gefängnisstrafe, was nicht verhinderte, daß er 1921 die französische Staatsbürgerschaft erhielt und später sogar zum Ritter des belgischen Kronenordens ernannt wurde. Mit Hilfe der jüdischen Großbanken von Marschall und Bauer führte er phantastische Spekulationen durch, die mehrere gewinnbringende Bankrotte nach sich zogen. Dabei sorgte Nathan stets für sich, indem er Schlösser und Grundbesitz erwarb und eine Reihe von Geldüberweisungen für sich auf fingierte Namen tätigte. Alle diese Betrügereien waren der Grund für die Anklage, in der heute noch nicht ein Urteil gesprochen ist.

Die jüdische Filmindustrie ist aber nicht nur ein Instrument der moralischen und sittlichen Zersetzung. Sie wird auch als ein wirksames Mittel zur Hetze gegen Deutschland verwandt. So kamen 1937 allein 6 Filme heraus, die sich vornehmlich mit der deutschen Barbarei im Weltkriege und mit dem deutschen Spionagedienst beschäftigten. Der am meisten hetzerische unter ihnen, der von dem Juden Stroheim stammte, hieß: „Marthe Richard". Darin trat die Aufpeitschung des Hasses gegen Deutschland so deutlich zutage, daß selbst „Le soir" schrieb:

> „Dieser Film ist ein langer Appell an den Haß, an die niedrigsten Instinkte des Menschen. Nichts Menschliches ist an ihm."

Theater.

Die Vorherrschaft in den Pariser Theatern, die für ganz Frankreich tonangebend sind, ist am stärksten in den zweit- und drittrangigen. Aber auch in den ersten Häusern sind die Juden als Leiter, Darsteller oder als Autoren vertreten. Der führendste jüdische Vertreter im französischen Theaterleben ist Henri Bernstein. Über ihn und seine Stärke schrieb ein französischer Judengegner:

> „. . . . Und was ist auch zu sagen von Herrn Bernstein, dem Dramenverfasser, der die allerniedrigsten Instinkte einer degenerierten Menschheit auf die Bühne gebracht hat, der Herz und Verstand durch den Unterleib ersetzt, in einer Reihe von Stücken, deren ganze Dynamik einzig und allein aus sexueller Brutalität besteht und aus dem, was am elendesten und niederdrückendsten in dem finsteren Menschentier stecken kann. Ein Molière des Geschlechtlichen!" (3)

Ein Blick über die Theater in Paris, bei denen Juden als Geschäftsführer oder Besitzer zu nennen sind, gibt ein ungefähres Bild von der Verjudung des Theaterlebens:

> Gymnase: Henri Bernstein, Saint-Georges, Benoit-Léon Deutsch. Nouveautés: Benoit-Léon Deutsch. Théâtre du Petit Monde: Pierre Blum, genannt P. Humble. Variétés: Max Maurey. Capucines: Max Viterbo. Empire: Max Viterbo. Châtelet: Maurice Lehmann. L'Atelier: Weill-Karsenty, Porte Saint-Martin, Maurice Lehmann. Ambassadeurs: Sayag. Odéon: Paul Abram. Trocadéro: Paul Abram. Pigalle: Rothschild. A. B. C.: Mitty Goldin. Mogador: Mitty Goldin (rumänischer Jude, deutscher Abstammung). Marigny: Léon Volterra. Théatre de Paris: Henri Varna. Casino de Paris: Henri Varna. Théâtre du Peuple: Harry - Krimer. Komische Oper: Datzerus.

In diesen Theatern, aber auch in anderen, werden vornehmlich Stücke jüdischer Literaten aufgeführt. Der Inhalt der Stücke ist der jüdischen Geisteshaltung entsprechend durch internationale, moralische und alles zersetzende Tendenzen bestimmt. Ihre bekanntesten Verfasser sind die Juden:

Henri Diamant-Berger; Alfred Savoir (verstorben); Henry Bernstein; Louis Verneuil; Tristan Bernard; Francis de Croisset (verstorben); René Lehmann; Pierre Wolff; Romain Coolus (Weyl); André Hugon; Willemetz; Stève Passeur; Jacques Duval; De Porto-Riche (verstorben); Jean Bassan; Schwob d'Héricourt; Thadée Natanson; Lucien Wahl; André Maurois; Jean Benoit-Lévy; Jacques Natanson; Matei Rousseau; Jean Jacques Bernard; Alfred Savoir; Claude Gevel; Edmond Sée (Präsident der Kritik und der Zensur); Albert Cohen.

Da diese Stücke naturgemäß auch jüdische Interpreten verlangen, ist auch im Schauspielertum das „Auserwählte Volk" stark vertreten. Juden von Rang und Namen, die man auch zum Teil beim Film wiederfindet, sind:

Georges Beer; Vera Korène; Samson Fainsilber; der „Chanteur sans nom": Charles Trenet; Marie Dubas (polnische Jüdin); Henri Meyer; René Alexandre; Roger Monteaux; Claude Lehmann; Eschouvin; Cécile Sorel; Lys Gauty, Vertreterin des französischen Chansons in Deutschland (ihr Mann ist der Schweizer-Deutsche Jude Gaston Groener); Claude May; Reda Caire (ägyptischer Jude, der seine Kahlköpfigkeit unter einer Perrücke versteckt); Dalio; Ray Ventura; Mireille (polnische Jüdin); Pierre Dac (mit seinem wahren Namen Isaac); Jane Marnac; Lyne Clevers (polnische Jüdin, Clevers ist der Name ihres Schwiegervaters); Nita Raya; Jane Sourza; Saint-Granier; Jean Granier; Tabet; Léon Bélières; Marianne Oswald; Simone; Maguy-Warna; Gisèle und Nadine Picard; Marcel Simon; Jean Wall; Rachel Devirys. (1)

Theaterstücke und ihre Darsteller finden in der verjudeten Presse nicht nur eine gute Aufnahme, sondern werden mit geschäftstüchtiger Reklame als überragende Erscheinungen herausgestellt.

Aber auch ausgesprochen jüdische Theater gibt es in Paris, in denen Stücke in jiddischer Sprache aufgeführt werden. Die Aufführungen des Stückes „Der Wasserträger" durch eine Newyorker Truppe unter Leitung von Maurice Schwartz war das letzte große Theaterereignis in dieser Beziehung.

XX. Die judengegnerische Bewegung.

Die Tradition des modernen Vorkämpfers Eduard Drumont hat heute Männer aufgenommen, die zum Teil noch an seiner Seite standen. Sie sind in der Gruppe vereinigt, die sich um ihr Organ, die „Action française“, sammelt. Ihre Tendenzen sind trotz mannigfacher Zusammenstöße mit ihren Schützlingen royalistisch und klerikal. Allerdings ist der in ihr vertretene Katholizismus nicht so engstirnig, daß er mit der Taufe den Juden anerkennt. Die führenden Köpfe sind Léon Daudet und Charles Maurras, Mitglied der „Académie Française“ und eigentlicher Leiter der „Action française“. Die Zeitung führt einen klaren, wenn auch gemäßigten Kampf gegen das Judentum.

Wesentlich schärfer ist die heute stärkste judengegnerische Gruppe in ihrer Stellung gegen das Judentum: die antijüdische Vereinigung von Frankreich (Rassemblement antijuif de France) mit ihrem Präsidenten Darquier de Pellepoix. Die Vereinigung hat sich eine straffe Gliederung in allen Teilen des Landes geschaffen. Die aktivste Zweigstelle ist in Straßburg unter Führung von Paul Gérard, der auch eine eigene Zeitung, „La nouvelle voix“, herausgibt. Die Vereinigung ist aus dem „Nationalclub“ hervorgegangen, dem Darquier de Pellepoix als Präsident vorstand. Die Tendenzen des Klubs waren äußerst national, wie aus einer Erklärung aus dem Jahre 1936 hervorgeht:

> „Die erwachte französische Jugend wird morgen, gestützt auf alle nationalen Kräfte,
>
> d i e n a t i o n a l e R e v o l u t i o n
>
> gegen die jüdische und exotische Invasion, gegen die Herrschaft des Geldes, gegen die fremde Revolution, gegen alle Internationalen unternehmen.“ (1)

In der heutigen Stellung hat die „Vereinigung“ ihr starkes Nationalbewußtsein bewahrt, aber gleichzeitig ihr Programm zur Abwehr des Judentums scharf umrissen. 1938 veröffentlichte sie in ihrem Organ ihre Ziele:

> „Wir wollen Frankreich den Franzosen wiedergeben durch einen unerbittlichen Kampf gegen die Vereinigung der jüdischen, freimaurerischen und marxistischen Internationalen;
>
> die Franzosen lehren, daß alle Juden (nach ihrem eigenen Eingeständnis) Glieder einer fremden Nation sind; erreichen, daß ihnen die Rechte, welche dem französischen Volke zukommen, genommen

werden; daß sie infolgedessen nicht mehr gewählt werden können, nicht wählen dürfen, nicht Beamte, Soldaten usw. sein dürfen;

Ausweisung aller Juden, die an einem der zahllosen politischen und finanziellen Skandale seit dem Waffenstillstand teilgenommen haben, verurteilt worden sind oder Bankrott gemacht haben;

sofortige Ausweisung aller Ausländer, Juden und anderer, die heimlich oder offen in den politischen Kampf verwickelt sind;

Ausweisung aller Juden, die geeignet scheinen, die moralische oder physische Gesundheit des Volkes zu verseuchen;

Begrenzung der Zahl der Juden in den freien und anderen Berufen;

Verbot für die Juden, die Organisationen zu kontrollieren, welche geeignet sind, die öffentliche Meinung zu beeinflussen oder zu verderben (Presse, Film, Theater, Radio usw.);

Auflösung aller jüdischen Vereinigungen: „Alliance Israélite", Logen von B'nai B'rith usw., Auflösung der Freimaurer und der Organisationen, die davon abhängen: Liga der Menschenrechte, Brüderschaften usw.

Beschlagnahme der Güter (Eigentums) der „Congrégation Juive" zu Gunsten des französischen Gemeinwohls, welches durch die jüdische Freimaurer-Politik zerstört worden ist;

eine Revision des Gesetzes über die anonymen Gesellschaften, damit das jüdische Kapital verhindert wird, sich der nationalen Wirtschaft zu bemächtigen;

eine wesentliche Erhöhung der Steuersätze für die Juden, welche auf unserem Gebiet leben dürfen;

Verbot an alle öffentlichen Vereinigungen, unter irgendeiner Form Geschäfte mit Juden oder jüdischen Häusern zu tätigen." (2)

Darquier de Pellepoix hat als Pariser Stadtrat ein Forum, von dem er auch direkt in die Politik der Hauptstadt einzugreifen vermag, wenngleich er damit wenig Erfolg hat. Dennoch zeugen seine Reden im Stadtrat von seiner unerschrockenen Einstellung zum Judentum, was nicht ohne Wirkung auf die Öffentlichkeit bleibt. Am 15. Dezember 1938 führte er u. a. im Stadtrat aus:

„Das Judentum hat das Land verwandelt durch Betrügerei, Bestechung, Vermischung.

Das jüdische Problem ist ein Hauptproblem, und wenn auch das französische Volk es begriffen hat, so weigern sich die beratenden Versammlungen, die Augen zu öffnen.

Ich sage es mit großem nationalen Kummer und einigem persönlichen Stolz, daß unter tausend Männern, die von ihren Mitbürgern mit einem ehrenvollen Mandat betraut worden sind, bis heute nur einer sich gefunden hat, der Vorschläge zur Bekämpfung der Überflutung durch die Juden gemacht hat.

Wenn ich behaupte, daß ich mit Hitler derselben Ansicht bin, was die Wegschaffung des häuslichen Unrats anbelangt, werdet Ihr dann sagen, daß ich Hitlerianer oder Germanophile bin?" (3)

Im übrigen ist „France enchainée" Sprachrohr von Darquier de Pellepoix. Er erschöpft sich in seiner Arbeit nicht in fruchtloser Polemik, sondern weist an Hand vielsagenden Materials auf die jüdische Gefahr hin. Jene eindeutige Schlagzeile in den Septembertagen 1938, daß die ersten Kugeln beim Kriegsausbruch die führenden Juden in Frankreich treffen würden, zeigt am besten die Konsequenz, aber auch die Härte, mit der er den Abwehrkampf zu führen gewillt ist. Im ganzen Land, besonders in Paris und im Elsaß, wird durch Kundgebungen, Flugzettel, Schriften eine wertvolle Aufklärungsarbeit geleistet. Einer der Aufrufe hat den Wortlaut:

„An alle Franzosen!

Der Satz aus der Parole von Joffré in der Marneschlacht kommt mir ins Gedächtnis: „... Im Augenblick, wo eine Schlacht beginnt, von der das Heil des Landes abhängt ..." Franzosen, die jüdische Invasion von heute ist tausendmal schlimmer als die deutsche Invasion von 1914.

Sie bedroht nicht nur unseren Boden, unsere Güter, sondern auch unsere Familie, unsere Kinder, unsere Rasse, unsere Seele. Die Seele Frankreichs!

Jetzt ist nicht mehr der Augenblick für „Geschicklichkeiten", Kleinlichkeiten, Winkelzüge!

Das Vaterland ist in Gefahr!

Das Vaterland ist vom Tode bedroht!

Wer den Kampf verweigert, ist ein Feigling, ein Verräter!

Wer ihn nicht begreift, ist ein Dummkopf!

An alle übrigen richte ich einen inbrünstigen, leidenschaftlichen, dringlichen Appell!

Ich habe das Recht dazu.

Ich kämpfe seit mehreren Jahren mit einigen mutigen Freunden einen geduldigen, hartnäckigen Kampf gegen den Eindringling.

Und nun, nach langen Monaten der Stumpfheit, erwacht Frankreich!

Legionen wachsen aus dem Boden rund um mich!

Die Stunde der entscheidenden Schlacht wird schlagen.

Ich rufe es allen zu: Helft uns! Gebt uns Waffen!

Die Feigheit wird nicht bekämpft, aber die Unwissenheit, die seit 50 Jahren sorgfältig von den Juden aufrecht erhalten wird, muß besiegt werden.

Wir wollen „France enchaînée“, das einzige antijüdische Kampfblatt, jede Woche mit 4 Seiten herausbringen!

Wir wollen seine Auflage verdreifachen, verzehnfachen!

Wir wollen Frankreich mit Flugblättern, mit Broschüren und Büchern überschwemmen. Wir wollen Frankreich mit Plakaten bedecken.

Wir wollen das Land durchziehen und überallhin das Gegengift gegen das jüdische Gift bringen.

Zu diesem Zweck eröffne ich die Subscriptionssumme von 1 Million: Die antijüdische Million.

Unsere Ziele, Ihr kennt sie! Sie sind kurz gesagt:

Dreiviertel der Juden aus Frankreich ausweisen und die anderen entnationalisieren.

Frankreich den Franzosen wiedergeben, damit es das wird, was es nie aufhören durfte zu sein: das erste Land der Welt.

Mögen diejenigen, die kämpfen wollen und mit Erfolg kämpfen wollen, uns folgen und uns helfen. Vorwärts!“ (4)

Eine neue Organisation hat sich in dem „Centre de documentation et de Propagande“ gebildet, deren Aufklärungsarbeit für die Zukunft viel verspricht. Henry Coston und Henri-Robert Petit sind die treibenden Kräfte. Sie bringen neben einer großen Anzahl Broschüren und Bücher auch Zeitungen und Zeitschriften heraus, die sich alle durch einen sachlichen und eindeutigen Ton auszeichnen. Die halbmonatige Zeitung „La Libre Parole“ gibt einen ausgezeichneten Einblick in das verjudete Frankreich. Sie ist an den Kiosken nicht zu finden, da diese der Verwaltung der Stadt unterstehen. Eine Monatsschrift, „Pas difficile“, die einen scharfen judengegnerischen Charakter besaß, wurde gleich nach ihrem Erscheinen verboten. Henri-Robert Petit gibt die gute Zeitschrift „Le Pilori“ heraus, die sich auch mit den Problemen des Judentums befaßt.

Die übrigen zahlreichen judengegnerischen Gruppen Frankreichs sind alle um Zeitungen oder Zeitschriften versammelt. Die weit verbreitetste und sehr seriöse „Je suis partout“, die besonders in Sondernummern das Judentum in Frankreich und in der Welt angriff, was ihr zahlreiche Verbote einbrachte, erhält eine besondere Stellung durch ein Juden-Statut, in dem es heißt:

„Das Statut der Juden, deren Aufenthalt in Frankreich zugelassen wird, muß im einzelnen beraten werden. Auf jeden Fall muß es enthalten:

1. Die Rücknahme des französischen Bürgerrechts von allen Juden ohne Ausnahme, mit nachstehenden Folgen:

a) Rücknahme des Wahlrechts;

b) Ausschluß von allen öffentlichen Ämtern;

c) Ausschluß aus der französischen Armee, indem der Militärdienst für die Juden durch andere Pflichten (Steuern, gemeinsame Arbeiten) ersetzt wird, den der Jude in seiner Eigenschaft als Gast in Frankreich zu leisten hat.

2. Die Schaffung eines besonderen Judenstatuts, das ihnen das Recht gibt, im Namen der jüdischen Gemeinden Vertreter im französischen Staat zu wählen. (Bei der französischen Regierung.)

3. Den „numerus clausus" für alle freien Berufe, einschließlich Presse und Film, und für jeden Handel im Verhältnis zu der Gesamtzahl der in Frankreich lebenden Juden. Ein Ausnahme-Prozentsatz könnte für die Handelszweige zugelassen werden, die traditionell die Spezialität der Juden bilden: Pelze, Teppiche, Edelsteine usw. Der vollständige Ausschluß könnte dagegen gefordert werden für diejenigen Zweige, aus denen die Juden ein gefährliches Monopol gemacht haben, und die unmittelbar das Wirtschaftsleben der Nation interessieren: An- und Verkauf von Immobilien, Getreide, Viehhandel, Handel mit Ackerbau-Erzeugnissen im Osten. Den Vorzug im „numerus clausus" werden immer diejenigen Juden erhalten, welche am längsten angesiedelt sind, in militärischen Einheiten gedient haben, zum christlichen Glauben bekehrt sind usw.

4. In keinem Fall wird der Jude im Nachrichtendienst, der das Leben Frankreichs interessiert, zugelassen werden: Wochenschauen im Film, Presse-Agenturen, die Rubriken der Außen- und Innenpolitik in der Presse und im Rundfunk.

5. Die Bezeichnung Jude (die Judenzugehörigkeit) muß in allen behördlichen Papieren und allen Volkszählungen in Frankreich eingetragen werden. Die Juden werden mit einem besonderen Paß versehen werden.

6. Alle diese Vorschriften werden auf Juden aus Mischehen (Halbjuden) ausgedehnt werden.

7. Die Staatsbürgerschaft (Zugehörigkeit) kann zurückgegeben oder verliehen werden durch besonderen, auf den Namen lautenden Erlaß als Belohnung für außerordentliche Dienste: Kriegsdienste, Kunstwerke, literarische oder wissenschaftliche Werke, welche das französische Staatseigentum bereichern. Alles wird getan werden müssen, um sie zu ehren, wegen des besonderen Verdienstes als ausländische Juden Frankreich treu gedient zu haben.

Immerhin wird die Staatszugehörigkeit in keinem Falle erblich für die Nachkommenschaft sein.

Es ist klar, daß dies Statut günstig für die Juden ist. Man ersieht daraus, daß das jüdische geistige Leben sich außerhalb jeder Zweideutigkeit entwickeln wird und so der Gesamtheit des französischen Landes die dem Judentum eigenen guten Eigenschaften dienstbar machen wird.

Aber es kommt uns vor allen Dingen darauf an, daß das Juden-Statut zum Wohle Frankreichs bekanntgegeben wird (in Kraft tritt). Es ist notwendig, daß die französischen Antisemiten, welcher Richtung sie auch angehören, davon überzeugt werden, und alle ihre Bemühungen in dieser Richtung zusammenfassen." (5)

„Reveil du peuple" ist das Organ Jean Boissels, der insbesondere die Frontkämpfer hinter sich hat. „Défi" gibt Jean-Charles Legrange heraus, der sich vergeblich um eine Organisation bemühte. Direktor des „Franciste" ist Marcel Bucard, der ein gutes Buch über „L'Empire juif" schrieb. Jacques Ploncard gibt „Lutte nationaliste" und Jean de Lorain die „Cahiers Politiques" heraus. Lucien Pemjean leitet den „Grand Occident". Sein Programm fordert einen gemeinsamen Kampf gegen Judentum und Freimaurerei. Darin heißt es u. a.:

„Ziel:

wenn möglich, legal, sonst auf revolutionärem Wege die jüdisch-freimaurerische Macht niederschlagen, welche alle Regime verdirbt und die Völker, welche unter ihrem Joch stehen, zum Verfall und ins Verderben führt.

M i t t e l gegen die Freimaurerei: Auflösung unter strengstem Verbot der Neubildung, unter welcher Form es auch sei, und unter Androhung schwerster Strafen, sämtlicher Freimaurer-Logen jedes Ordens (obédience), sowie ihrer Zweigstellen und der freimaurerfreundlichen Verbindungen, wie Liga der Menschenrechte, Ligue française de l'enseignement, der Fraternelles, der Ligue internationale contre l'Antisémitisme, und so weiter.

M i t t e l gegen das Judentum: Auflösung unter denselben Bedingungen der Alliance Israélite Universelle, der Kahals, Sanhedrins, Consistorien usw., wo unter dem Vorwand von Kult und Wohltätigkeit alle großen politisch-finanziellen Geschäfte geschlossen werden, die dazu bestimmt sind, die Weltvorherrschaft von Israel zu sichern. Die Abschaffung des Erlasses der Konstituierenden (29. September 1891), welcher den Juden das französische Bürgerrecht verlieh, und auch des Erlasses Crémieux' (24. Oktober 1870), welcher die Juden Algiers einbürgerte. Angleichung an die nicht einbürgerungsfähigen Ausländer, die Mitglieder des jüdischen Volkes, die in Frankreich wohnen.

Anwendung auf die Juden in allen Berufen und Laufbahnen des zahlenmäßigen Verhältnisses.

Beschlagnahmung bis zum Urteilsspruch aller beweglichen und unbeweglichen Güter, und Einziehung aller jüdischen Vermögen, die als nicht durch persönliche Arbeit oder durch ehrliche Unternehmungen errungen gelten." (6)

Die schon genannten Parteien Doriots und de la Roques fallen für die judengegnerische Bewegung aus. Über sie schrieb „Univers israélite":

„Antisemiten der Parteien, welche in ihren Reihen oder an ihrer Spitze Israeliten haben, wie die Herren Schwob d'Héricourt, Bloch für den P.S.F. (Partei des Obersten de la Roque) – und Abremsky, Lévy, Bertrand de Jouvenel, für die P.P.F. (Partei de Jacques Doriot)? ... Das ist ziemlich lächerlich. Meiner Ansicht nach werden diese Angriffe auf diese nationalen Anführer nur einen Erfolg haben: ihre Anhänger zu Antisemiten zu machen. Herr Oberst de la Roque, Herr Jacques Doriot haben uns gegenüber keine schlechten Absichten, ich erkläre, daß sie unser bester Schutz gegen den Antisemitismus sind. gez. Jude Cahen Robert." Dies ist durch sämtliche Erklärungen der beiden Partei-Anführer bestätigt worden, die sich jeglicher Judengegnerschaft widersetzt haben, da diese, nach den Worten von Herrn de la Roque, „dem Imperialismus von Moskau und Berlin dient"! (7)

Daneben gibt es in Frankreich eine große Anzahl bekannter antijüdischer Schriftsteller, von denen Jerôme Tharaud (Quand Israél est roi und Quand Israél n'est plus roi) trotz heftigen jüdischen Widerspruchs in die Académie Française aufgenommen wurde. Andere bekannte Judengegner sind: Bourgin, Hubert (Marxisme et Judaisme), M. Grimaux (Voici les vrais Maîtres de la France), Roger Lambertin (L'Impérialisme d'Israel u. a.), P. Miles (Lajuiverie), J. Santo (Les Méfaits d'Israel), Leon de Pondins, Charles Hagel (Le Péril juif). Das letzte mit gutem Material ausgestattete Buch über das Judentum in Frankreich schrieb P. Ferdonnet (La guerre Juive).

Quellenangaben

II. 1. Dubnow, Die älteste Geschichte des jüdischen Volkes, Band VIII, Jüdischer Verlag, Berlin 1925.

2. Zeitschrift für neusprachlichen Unterricht, Band 37, Heft 1, Berlin 1938.

III. 1. M. E. Ravage: Die fünf Frankfurter. Berlin. S. 243.

2. A. Toussenel: Les juifs rois de l'époque. Paris 1845. S. 206.

3. Dubnow: Die älteste Geschichte des jüdischen Volkes. Band IX. S. 271.

4. Ed. Drumont: Das verjudete Frankreich. Paris 1889. 6. Aufl. S. 286.

IV. 1. A. Chiché: L'affaire du Panama. Bordeaux 1894.

2. M. E. Reed: Le docteur Herz et la République française. London 1893.

3. Stenographischer Bericht im „Journal officiel des chambres des Députés.

4. Politisches Archiv des Auswärtigen Amtes.

5. W. Frank: Nationalismus und Demokratie im Frankreich der dritten Republik. Hamburg 1933. (Im folgenden zitiert als „Frank S. ...")

V. 1. Ed. Drumont: Das verjudete Frankreich.

2. „ : La fin d'un monde. Paris 1841.

3. „ : Sur le chemin de la vie. Paris 1914.

4. G. Bernanos: Edourd Drumont. Paris 1930.

5. s. IV, 5.

VI. 1. Louis Lépine: Expréfet de Police. Mes souvenirs. Paris 1929.

2. La libre parole. 13. 12. 1894. Paris.

3. Révision du procès de Rennes. Débats de la cour de cassation. Paris 1904.

4. Capitaine Dreyfus. Lettres d'un innocent. Paris 1898.

5. Unveröffentlichte Akten des Ausw. Amtes.

6. Stenographischer Bericht im „Journal officiel des Chambres des Députés".

7. Jaques Reinach: Histoire de l'affaire Dreyfus. Paris 1901—1908. Band 5.

8. Jaques Reinach: Histoire de l'affaire Dreyfus. Paris 1901—1908. Band 6.

VII. Je suis partout 14. 10., 27. 5., 3. 6., 10. 6., 1. 7., 22. 7., 29. 7. 1938 Paris.

Weltkampf, März 1939. Leipzig.

1. Je suis partout. Nr. 403, 12. 8. 38. Paris.

2. „ „ „ 26. 6. 38.

3. Candide. Nr. 778, 8. 2. 39. Paris.
4. Action Française. 12. 7. 38. Paris.
5. Weltkampf März 1939. Leipzig.
6. V. B. 31. 12. 38 und Action Française 6. 3. 39.
7. Action Française 30. 3. 39.
8. Je suis partout 6. 1. 39.
9. s. IV, 5.

VIII. Maurice Eisenbeth: Les juif de l'Afrique du Nord. Alger 1936.
1. Tremonia. 28. 12. 38. Dortmund.
2. Il Tevere 3./4. 11. 37. Rom.
3. Je suis partout. 23. 9. 38.
4. „ „ „ 12. 8. 38. Nr. 403.
5. Braunschweiger Landeszeitung 7. 3. 35. Braunschweig.
6. La libre parole Nr. 9 und 10. 10. und 24. 12. 38.
7. Je suis partout. 14. 10. 38.
8. La France enchainée. Nr. 17 1938. Paris.
9. „ „ „ 15. 9. 38.
10. Action française. Nr. 37. 6. 2. 39.

IX. 1. Je suis partout. Nr. 386. 15. 4. 38.
2. Deutsches Volkstum. September 1936.
3. Action Française. Nr. 131. 11. 5. 37.
4. Der Mitteldeutsche. 25. 9. 38. Magdeburg.
5. L'Aurore. 15. 12. 38. Nr. 358. Kairo.
6. Angriff. 26. 9. 38. Zürich.
7. L'Universe israélite. 7. 10. 38. Paris-Straßburg.
8. La France enchainée. 1./15. 12. 38.
9. Action Française. Nr. 361. 27. 12. 38.
10. Pariser Tageszeitung. 27. 12. 38. Paris.
11. La France enchainée. Nr. 15. 1./15. 11. 38.
12. La Nation Belge. Nr. 318. 14. 11. 38 Brüssel.
13. Action française. 31. 3. 37.
14. „ „ Nr. 354. 20. 12. 38.
15. Jüdische Telegraphen-Agentur (J.T.A.) 12. 8. 36 London.

X. 1. Action française. Nr. 116. 26. 4. 39.

XI. 1. La libre parole. 10./24. 12. 38.
2. Paul Gérard: Le juif – notre maître. Paris. o. J.

XII. 1. La France enchainée. Nr. 14. 1938.
2. „ „ „ 15. 7. 38.
3. Je suis partout. 17. 2. 39.
4. Le pays libre. 5. 3. 37. Paris.

5. La France enchainée. 11. 9. 38.
6. Je suis partout. 14. 4. 38.
7. La libre parole. 10./24. 12. 38.

XIII. 1. Paul Ferdonnet: La guerre juive. Paris 1939.
2. La France enchainée. Nr. 14. 22./31. 10. 1938.
3. Le Combat national. Nr. 5. Oktober 1938. Montreal.

XIV. 1. Paul Ferdonnet: La guerre juive mit Ergänzungen aus diversen französischen Zeitungen.
2. Contre Révolution. April 1939. Paris.

XVI. 1. Action Française. Nr. 90. 1938.
2. Paul Ferdonnet: La guerre juive.
3. La France enchainée. Nr. 11. 1938.
4. " " " 16./31. 1. 1939.
5. " " " 1. 12. 1938.
6. Action Française. Nr. 109. 1939.
7. La France enchainée. Nr. 3. 1938.
8. Action Française. Nr. 28. 1939.
9. " " Nr. 40. 1938.
10. " " 6. 11. 1938.
11. s. XIII, 1.

XVII. 1. Je suis partout. 15. 4. 1938.
2. La France enchainée. 16./28. 2. 1939.
3. Je suis partout. Nr. 430. 17. 2. 1939.
4. La France enchainée. Nr. 10. August 1938.
5. " " " 15./30. 6. 1938.
6. " " " 16./31. 1. 1939.

XVIII. 1. Action Française. 18. 11. 1938.
2. " " 22. 4. 1938.
3. Je suis partout. Nr. 430. 1939.

XIX. 1. La libre parole. Nr. 9 und 10. 10./24. 12. 1938.
2. La Vita Italiana. Februar 1939. Rom.
3. Je suis partout. Nr. 430. 1938.

XX. 1. Club national: Déclaration. Juni 1936. (Flugblatt).
2. La France enchainée. 24. 2. 1938.
3. Action Française. 16. 12. 1938.
4. La France enchainée. 29. 4. 1938.
5. Je suis partout. Nr. 430. 17. 2. 1939.
6. Flugblatt des Grand Occident Dezember 1938.
7. L'Univers israélite. 9. 4. 37. Paris.